2小时轻松入门
经济学

[日] 木暮太一 ｜ 著

寿梦丽 ｜ 译

北京时代华文书局

图书在版编目（CIP）数据

经济学 / （日）木暮太一著；寿梦丽译 . -- 北京：北京时代华文书局，2023.8
（2 小时轻松入门）
ISBN 978-7-5699-5005-2

Ⅰ . ① 经… Ⅱ . ① 木… ② 寿… Ⅲ . ① 经济学 Ⅳ . ① F0

中国国家版本馆 CIP 数据核字 (2023) 第 150056 号

Daigaku 4nenkan no Keizaigaku Mirudake Note
by Taichi Kogure
Copyright © 2018 Taichi Kogure
Original Japanese edition published by Takarajimasha, Inc.
Simplified Chinese translation rights arranged with Takarajimasha, Inc.
Through Hanhe International(HK) Co., Ltd.
China Simplified Chinese translation
rights © 2019 Beijing Time-Chinese Publishing House Co., Ltd.

北京市版权局著作权合同登记号 图字：01-2019-3260 号

2 XIAOSHI QINGSONG RUMEN JINGJIXUE

出 版 人：陈 涛
责任编辑：余荣才
责任校对：陈冬梅
装帧设计：程 慧 王艾迪
责任印制：訾 敬

出版发行：北京时代华文书局 http://www.bjsdsj.com.cn
　　　　　北京市东城区安定门外大街 138 号皇城国际大厦 A 座 8 层
　　　　　邮编：100011 电话：010-64263661 64261528
印　　刷：北京毅峰迅捷印刷有限公司
开　　本：880 mm×1230 mm 1/32　　　成品尺寸：145 mm×210 mm
印　　张：6　　　　　　　　　　　　　字　　数：225 千字
版　　次：2023 年 9 月第 1 版　　　　　印　　次：2023 年 9 月第 1 次印刷
定　　价：58.00 元

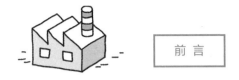

经济学只是将我们的日常生活总结为理论

很多人认为"经济学中存在很难的算式和图表等，让人完全无法理解"，特别是文科生认为，解读算式和图表属于理科领域的工作，自己自然就不擅长了。

其实，经济学只不过是人类的日常经济活动的理论化总结。什么样的活动属于经济活动？用通俗易懂的例子来说，我们每天的购物行为，就属于经济活动之一。经济学就是将这样的经济活动逐一进行理论化的学问。只是作为理论的"证明"，那些以各种方式登场的算式和图表等，总让人一看到就觉得很难。

因此，为了让不太理解经济学的读者也能快速理解，本书通过插图和简明扼要的文字，以最易于理解的方式进行讲解，从"经济学究竟是什么呢？"的疑问开始，到企业的经济活动、国家的经济活动、政治与经济的关系等，带领大家学习经济学的各种知识。

本书在讲解经济学各个领域的相关理论时，几乎不使用算式和图表，也很少对理论进行证明，而是通过联系理论与人们的生活之间的关

系，对理论的意义和内容进行文字性说明。另外，对新闻中常见的全球化和TPP（《跨太平洋伙伴关系协定》）、公平贸易、行为经济学等最新的经济学用语和经济情况，本书也做了简要的讲解。

经济学不只是针对学生的知识，对职场人士来说，经济学也是必须了解的知识。在电视、报纸和新闻网站上都充满了关于经济的话题，所以，职场人士也应该掌握经济学的思考方式。

读者只要培养了理解经济的观察力，对这个世界的看法就会发生巨大的改变。我希望本书能培养读者的这种能力。

目　录
Contents

Chapter3 |||||||||||||||||||||
与市场相关的经济学

Chapter4 ‖‖‖‖‖‖‖‖‖‖‖‖‖‖‖
经济增长的
机制是什么？

Chapter7
政治与经济的
关系是怎样的？

最近被人们热议的行为经济学是什么?

身边的经济学

为了深入理解经济学，我们先来研究一下身边的经济学，通过学习本章，来理解经济学的基本思考方式。

经济学1

01 经济学究竟是什么呢?

当听到"经济学"三个字的时候,你会产生什么反应呢? 一定会有人觉得它"是很高深的学问,听起来很难"。因此,本书将以浅显易懂的方式对"经济学"进行讲解。

虽然经济学常常与钱联系在一起,但它并不是关于赚钱的学问。经济学的目的是通过分析"如何高效分配资源"等来提出假设并总结出理论。请注意,这里所说的资源,并不只是石油、天然气等原料,诸如劳动力、个人时间等与交易有关的东西都是资源。

经济学的基本概念之一:资源分配

资产

财产
咖啡

全世界的人都在消耗资源。

服务

技术

劳动力

◉经济学的主要课题是解决资源分配的问题

土地、资本、劳动力、石油、服务等资源都是有限的。正因为它们的有限性,分配问题随之产生。

接下来，对"高效分配"进行说明。举个例子，有两家相邻的超市正在销售苹果，单价分别是100日元和70日元。这个时候，通常情况下谁都会选择单价70日元的苹果。但是，当苹果单价为100日元的超市就在你家附近，而苹果单价为70日元的超市，你需要开车3小时才能到达。这时，你会怎么选择呢？如果考虑"时间"这种资源，选择去苹果单价为100日元的超市就是最好的选择。

经济学的基本概念之二：权衡取舍

比较价格

A 超市
100 日元

B 超市
70 日元

如果只比较价格，B 超市的苹果更便宜。

A超市

B超市

①消费者会尽量选择便宜的苹果。

B 超市
70 日元

开车要 3 小时，油费要花……

比较距离

A 超市
100 日元

虽然略贵，但还是去近一点的超市比较好。

小贴士

为了实现特定的目的，当一个方案成立则另一个方案不能成立时，考虑如何在两者之间做取舍，就称为权衡。

②但是，根据不同条件，有时即使价格偏高，消费者也会选择购买。

经济学 1

02 人们购物时的大前提之一

理论上，经济学是围绕金钱进行研究的学问。经济学上，有一个以人的满足程度为标准、叫作"效用"的名词。

平时，人们不受外界干扰进行购物时，就有经济学理论中提及的主观因素发挥着作用。举个例子，现在，我们来到回转寿司店。当金枪鱼手握寿司和生金枪鱼片紫菜寿司卷转过来时，你拿了生金枪鱼片紫菜寿司卷。在确定选择它时，在你的意识背后发挥作用且成为决策依据的是"满足程度"这种主观因素。经济学上称它为"效用"，并认为所有行为的目的都是尽可能地提高效用。

我们的目的是提高效用

我超喜欢紫菜卷的，吃生金枪鱼片紫菜寿司卷吧。

好的，欢迎光临！

效用 5

效用 1　效用 0

● 效用的大小是人们做出决定的关键

满足程度的大小会改变人们的行为。经济学上认为，无论是谁都想把效用最大化。

如果相比金枪鱼手握寿司，你更喜欢生金枪鱼片紫菜寿司卷，并把前者的效用以"1"计，后者的效用以"5"计，那么效用的大小可以用数值的形式体现出来。经济学常常被认为是针对金钱的精细研究，但金钱购买只是获得物品的手段，物品带来多大的满足程度（效用）才十分重要。话虽如此，但效用是千差万别且因人而异的。各种选择带来的效用是无法以绝对的标准来衡量的。

金钱只不过是手段，一个一个的"效用"千差万别

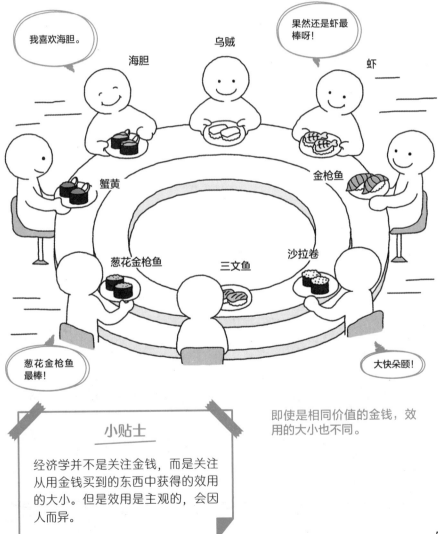

我喜欢海胆。

海胆

乌贼

果然还是虾最棒呀！

虾

蟹黄

金枪鱼

葱花金枪鱼

三文鱼

沙拉卷

葱花金枪鱼最棒！

大快朵颐！

即使是相同价值的金钱，效用的大小也不同。

小贴士

经济学并不是关注金钱，而是关注从用金钱买到的东西中获得的效用的大小。但是效用是主观的，会因人而异。

03 人们购物时的大前提之二

人是有个人喜好的。经济学上将喜好称作"偏好",在有限的收入范围内,
购物也有先后顺序。

比起荞麦面,有的人更喜欢乌冬面;比起天妇罗,有的人更喜欢寿司;等
等。每个人都有自己的喜好,各自以自己的标准对事物做出评价。这在经济学上
叫作"偏好",是消费概念中的一个指标。只是在现实生活中,一个人不可能做
到将自己喜欢的所有东西都收入囊中。如果不是相当有钱,他能使用的金钱就是
有限的,这被称为"预算约束"——用来表示收入和支出之间的关联性,会对消
费选择产生影响。

偏好会受预算限制

我们以购物为例进行说明吧。预算少，能买到的商品就十分有限，这是不言而喻的。但是，如果有很多预算，选项会变多，情况也会发生变化。结合偏好、效用，还有预算等条件，经济学上，人们提出"添加什么样的条件，最合适的消费量会发生怎样的变化呢？"的问题，并对这个问题进行解答。

预算增加，偏好也会发生变化

我还买了羽绒夹克、登山杖和背包。

预算多

我买了登山服。

我买了长裤。

预算增加，喜欢的东西会更明确。

我只买了T恤衫和短裤。

小贴士

因收入变化而导致的预算约束缩小，会给消费量带来变化。

预算少

经济学 1

04 为什么第一杯啤酒最好喝？

边际效用递减规律是指，随着消费者购买某物品的数量增加，该物品给消费者带来的边际效用是递减的。无论是吃饭还是购物，几乎在日常生活的所有场景中，我们都能在人们身上感受到这种规律。

工作结束后，口渴的我们一口气喝下一杯冰镇啤酒。这时，我们感到它是那么好喝，世界上没有比这一瞬间更幸福的了。不只是喝啤酒，购物时我们也能获得满足感。特别是第一次消费时，我们的满足感也很强。回到喝啤酒上，那么，接下来我们喝第二杯之后会怎样呢？经济学上将"再来一杯啤酒时的满足感"称为"边际效用"，它是有规律的。

边际效用递减规律示意图

满足感

酒醉程度

你喝得很过瘾。

咕嘟咕嘟……

哈

果然是第一杯啤酒好喝！

7：00P.M.
● 第一杯啤酒

✎ "边际"是经济学上用来表示分界线时才有的概念

经济学上所说的"边际"，是指"在目前状态下每增加一个消费单位时，效用变化"的边界。

随着喝掉啤酒的杯数的增加，我们感到啤酒好喝的满足感会下降，效用呈减少的趋势。经济学上把这种现象称为"边际效用递减规律"。"递减"是逐渐减少的意思。另外，即使边际效用降低，我们从消费中获得的满足感总量也是有少许增加的。也就是说，尽管边际效用在逐渐减少，但满足感总量并没有减少。

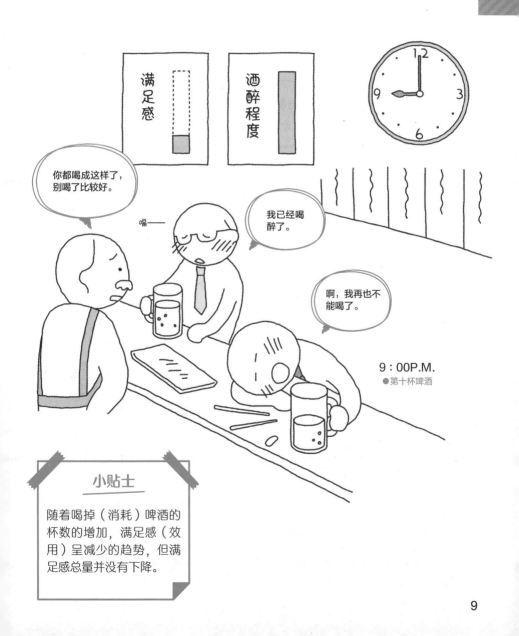

经济学 I
05 如何确定商品的价格？

商品的价格不断发生变动，是由供需关系决定的，也与资源的有限性有关系。

　　针对商品，有的贵，有的便宜，还会时而涨价，时而降价。其实，商品的价格，是由经济学上所谓的"**稀缺性**"，即资源的有限性决定的。举个浅显易懂的例子，人没有水就无法生存。在城里，买500毫升的瓶装水，通常就在100日元左右。但是，在难以获得水资源的沙漠，即使1瓶水需要花1万日元，人们也会买。

稀缺性：商品或者服务不足的状态

1瓶水
1万日元

水……把水卖给我。
我喉咙要冒烟了！

稀缺性比较强，价格就会上升。

1973年，第一次石油危机爆发。中东主要产油国决定单方面把每桶原油的价格提高70%，由此导致石油产品价格高涨。在日本，有传言说卫生纸要断货，由此爆发了抢购潮。一时间，1包卫生纸的价格从140日元一下子涨到了400日元，翻了一番还多。因为供给减少，需求增加，所以价格转眼上涨。

稀缺性增强，则市场价格上涨，需求也上升

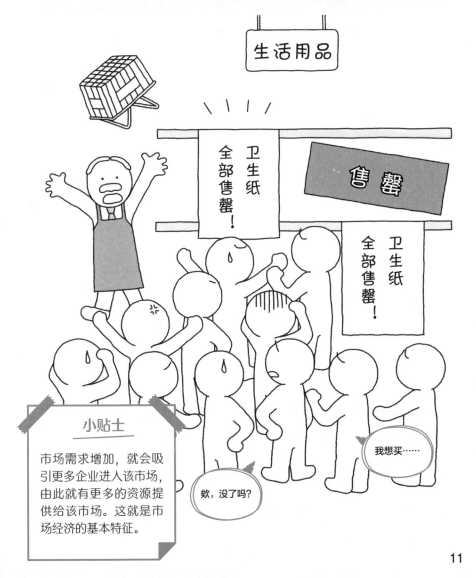

生活用品

卫生纸全部售罄！

售罄

卫生纸全部售罄！

小贴士

市场需求增加，就会吸引更多企业进入该市场，由此就有更多的资源提供给该市场。这就是市场经济的基本特征。

欸，没了吗？

我想买……

11

经济学 1

06

成本中有一些看不见的东西

你知道吗？经济活动所必须产生的成本中，有肉眼可见的一般性成本和不可见的机会成本。

成本，也就是费用，用它来思考经济行为，对于理解经济学是不可或缺的。个人在日常生活中、企业在经营中，都必然会产生成本。即使是个人购物所花的钱，在家庭开支中也属于成本。作为企业，在生产、销售某种产品的过程中，会发生人工成本、采购成本、租赁成本等，各项活动都发生成本。这些就是我们所说的可见成本。

经济活动中必然发生的成本

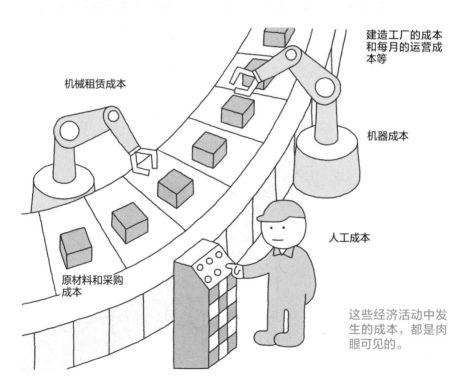

机械租赁成本

建造工厂的成本和每月的运营成本等

机器成本

人工成本

原材料和采购成本

这些经济活动中发生的成本，都是肉眼可见的。

经济学上，还存在看不见的成本，叫作"机会成本"。它是指如果选择别的方案就能获得的最大利益。比如说，A君拥有优秀的电脑技术，但很懒，当一个日薪3万日元的工作找上他时，他拒绝了，继续选择过游手好闲的日子。在这个例子中，A君如果接受找上门的工作，他就能获得3万日元。这个3万日元就是机会成本。

因损失机会而牺牲的最大利益是机会成本

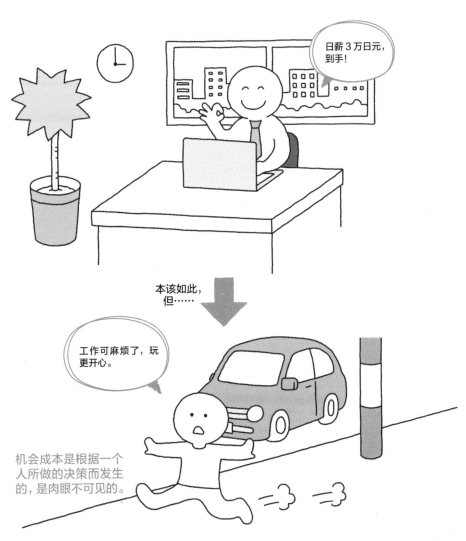

经济学1

07

通过咖啡和红茶看经济学

两种商品密切相关，根据两者间价格和需求的相互影响，我们称一种商品是另一种商品的替代商品或者互补商品。

替代商品是经济学特有名词。举例来说，当商品A价格高时，消费者选择商品B来替代它。这时，商品B就是商品A的替代商品。消费者消费的啤酒和起泡酒之间就存在这种替代关系。在微观经济学上，咖啡和红茶之间的替代关系经常被拿来作为替代商品的具体例子。也就是说，当咖啡价格上涨时，消费者会选择价格相对便宜的红茶。这时，需求量就从咖啡转向红茶。

价格变化则影响力会发生变化

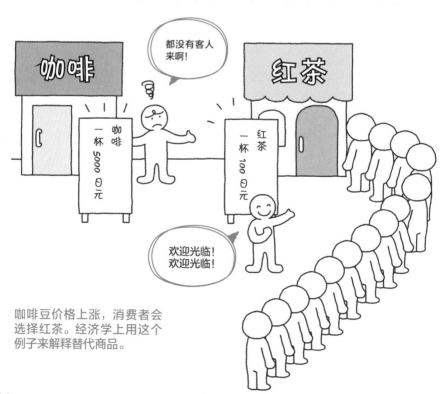

咖啡豆价格上涨，消费者会选择红茶。经济学上用这个例子来解释替代商品。

　　另外，存在与替代商品可以说是完全相反的<u>互补商品</u>。例如，DVD（数字激光视盘）软件和DVD播放器就是这种关系。如果DVD软件的价格下降，DVD播放器的需求就会增加。这类商品具有某种程度的替代性和互补性。互补商品的最大特征是，<mark>一种商品价格上涨（或者下跌），会导致另一种商品需求减少（或者增大）。</mark>

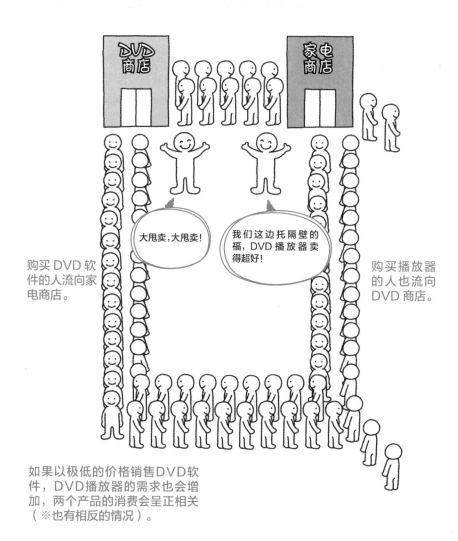

价格下降，销量增加

购买DVD软件的人流向家电商店。

购买播放器的人也流向DVD商店。

如果以极低的价格销售DVD软件，DVD播放器的需求也会增加，两个产品的消费会呈正相关（※也有相反的情况）。

经济学 1

08

因工资上涨而增加的东西
与减少的东西之一

收入增加，个人会受益，但雇用工人的企业的情况会发生变化。经济学阐明了需求和供给之间不可思议的关系。

　　理解经济学，就得理解"需求"和"供给"的概念。对这两个概念，用商品消费端和供给端来表述，就很容易理解。你知道两者之间存在一定的规律吗？它就是，需求随着价格上升而减少，随着价格下降而增加。如果以纵轴表示价格，以横轴表示需求来绘制图表，则需求曲线向右侧呈下降趋势；如果以纵轴表示价格，以横轴表示供给来绘制图表，则供给曲线随着价格的上升而向右上方呈上升趋势。

因收入上升而增长的需求曲线

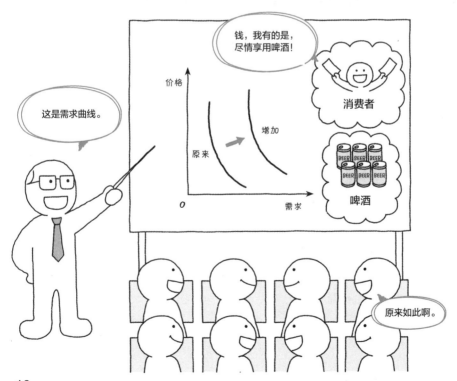

但是，需求和供给的变化也可能是由其他原因导致的，比如工资变化就是其中之一。假设给全体在职人员都加薪，每人每晚由原来喝1瓶啤酒变成现在喝2瓶，那么在工资增加而啤酒价格不变的情况下，啤酒需求量绝对值会增加。相反，企业方面为了减轻因工资上涨而带来的人力成本负担，会减少啤酒的生产量，因此对供求变化整体产生影响。

随着薪资上升而减少的供给曲线

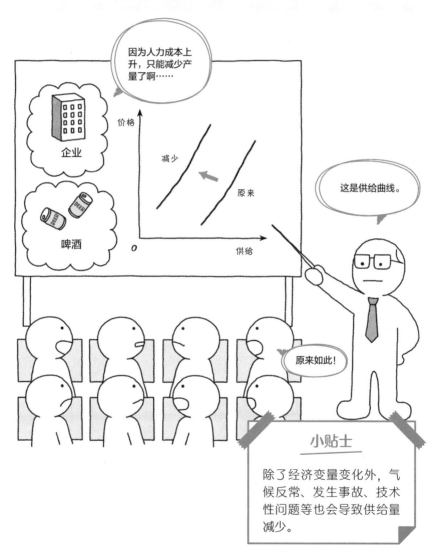

经济学 1

09

因工资上涨而增加的东西
与减少的东西之二

经济学上，价格并不仅仅表示商品自身的价值，它与消费者的经济状况密切相关，并会对商品的消费量产生影响。

　　假设你跳槽成功，年收入上升了近一倍。以前，你每年能喝上1杯自己非常喜欢的高级葡萄酒就心满意足了，现在你每周都能喝上1杯。也就是说，现在你在葡萄酒上的消费量增加了。在这种情况下，你消费的葡萄酒被称为"高档商品"（或"正常商品"）。经济学上，它是指实际收入上升则消费量增加，实际收入下降则消费量减少的商品。

因收入水平上升而导致消费量增加的高档商品

因为我成功了，所以无论何时我都能喝自己喜欢的酒了。

高档商品通常指品质优良的商品。

另一方面，随着可自由支配的收入增加而变得富裕的你，不再喝平时作为葡萄酒替代商品的烧酒了。这种情形下，烧酒就是"低档商品"。低档商品是指实际收入上升则消费量减少，实际收入下降则消费量增加的商品。随着收入的上升或下降，人们所消费的东西也会发生变化，从而对整个经济产生影响。

因收入水平下降而导致消费量增加的低档商品

低档商品通常指品质较差的商品。

小贴士

随着收入增加，可以切实感受到生活变宽裕，消费高档商品增加。经济学上，人们总是通过与低档商品进行对比来定义高档商品。

能低价买到东西时会发生的现象

收入和价格变化会影响消费者需求。

假设一个人平时吃的香蕉总量不变，因为升职，收入提高了，这时他吃其他水果（如草莓）的量肯定会增加。实际上，他吃香蕉的量也会增加。因为收入的变化会导致消费发生变化，所以收入增加能带来相应的消费增加。经济学称这种现象为"收入效应"。

收入增加带来相应消费增加的收入效应

随着社会地位提高，工资上涨，开始吃草莓，结果香蕉也吃得更多了。

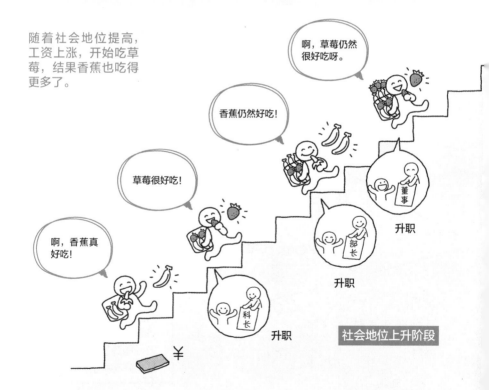

啊，草莓仍然很好吃呀。

香蕉仍然好吃！

草莓很好吃！

啊，香蕉真好吃！

董事

升职

部长

升职

科长

升职

社会地位上升阶段

另一方面，在收入不增加的情况下，香蕉的价格下降到比平时便宜，则香蕉的消费量也会增加。因为比起买草莓，买香蕉相对来说更划算。这叫作"替代效应"。价格下降与收入增加能起到相同的作用。经济学上将收入和价格变化给消费者需求带来的影响，分为收入效应和替代效应。

商品价格变动则购买量变化的替代效应

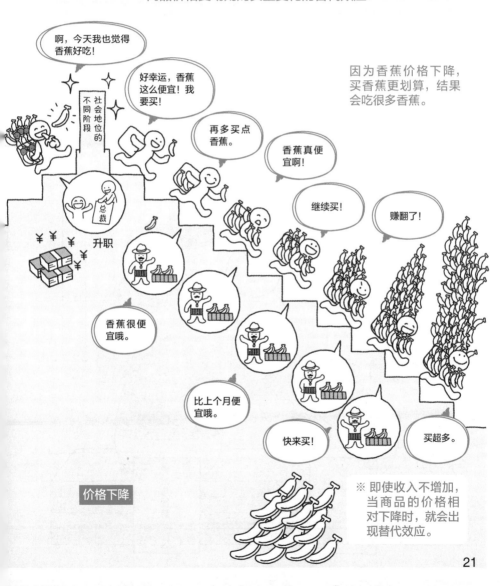

※ 即使收入不增加，当商品的价格相对下降时，就会出现替代效应。

经济学 1

11

有些东西虽然能便宜买到，
但人们不会去买

一方面，存在价格越高卖得越好的东西；另一方面，存在即使很便宜，
也卖不掉的东西。

经济学上有时会提到矛盾的消费动向。首先是"吉芬商品"。它指的是价格上升则需求增加、价格下降则需求减少的商品。我们假设，作为主食的芋头价格上涨，但人们没有购买其他食品的钱，不得不购买芋头。相反，如果芋头的价格下降，就会有余钱购买其他食品，结果，对芋头的需求量减少。

价格下降则需求减少的吉芬商品

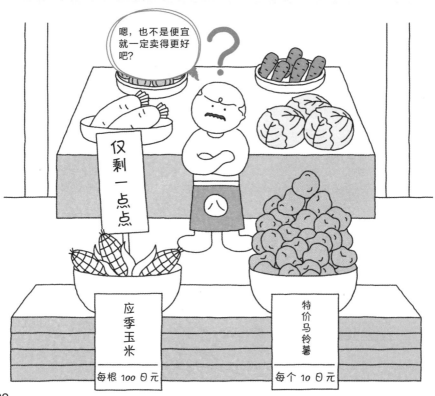

"凡勃仑商品"是指价格越高需求越大的商品。通过利息生活的富裕阶层等为了引人注目、炫耀而购买高价商品的现象，引起了美国经济学家凡勃仑的注意，所以这种商品被命名为"凡勃仑商品"。在此之前，人们认为商品价格下降需求就会增加，但实际上，有的商品随着价格上升需求反而增加。

价格越高需求越大的凡勃仑商品。

经济学 1

12 "高兴"也有经济学意义

根据供需平衡来决定商品价格时,要考虑消费者的"高兴"。它决定商家最终能否让消费者打开钱包。

经济学上有一个衡量消费者高兴程度的标准,它就是"消费者剩余"。比方说,你想买一顶帽子,恰好有一家帽子店正在出售你中意的一款帽子。你本愿意为其中一顶帽子支付3万日元,但看了价格标签后,发现其售价远低于自己的预期,只要1万日元,两者间相差2万日元。这个2万日元的差额给你带来的"高兴",就是消费者剩余。

消费者剩余思维

从愿意支付的金额3万日元中减去1万日元后的金额就是消费者剩余。

　　这里顺便说一下，经济学上所说的消费者剩余不是指个别消费者得到的剩余，而是指市场全体消费者得到的剩余。例如，有4名消费者打算买一顶1万日元的帽子，但是，他们各自愿意支付的金额不同，A先生愿意支付2万日元，B先生愿意支付1.5万日元，C先生愿意支付1.3万日元，D先生愿意支付1万日元。这4人的消费者剩余合计，就是帽子市场整体的消费者剩余。

根据市场整体计算消费者剩余

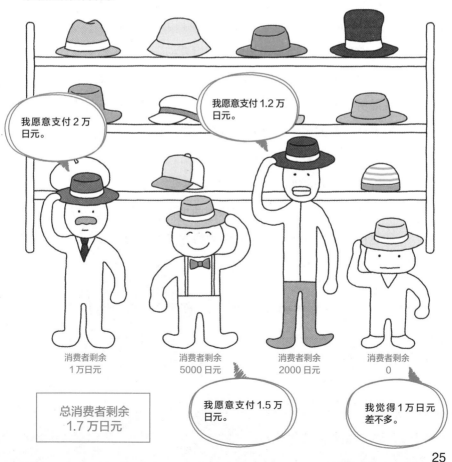

全场
1万日元！ **帽子专柜**

把各自的剩余加起来就是
市场的消费者剩余

我愿意支付2万
日元。

我愿意支付1.2万
日元。

消费者剩余
1万日元

消费者剩余
5000日元

消费者剩余
2000日元

消费者剩余
0

总消费者剩余
1.7万日元

我愿意支付1.5万
日元。

我觉得1万日元
差不多。

专栏 01

微观经济学
与宏观经济学的区别

　　在大类上，经济学分为微观经济学和宏观经济学两个领域。微观是指小范围的、细微的，宏观是指大范围的、整体的，它们各自的分析对象及目的不尽相同。

　　微观经济学将日常生活中物价变动等对企业和家庭的消费行为产生的影响作为研究对象。与之相对应，宏观经济学把通货膨胀、失业、经济增长等国民经济整体数据作为研究对象。另外，微观经济学和宏观经济学之间存在互补关系，即使进行宏观分析，一定程度上的微观视角也不可或缺。

　　也就是说，只有宏观和微观两种视角都存在，经济学这门学科才能成立，读者必须将两者都牢记在心。因此，本书没有明确区分微观经济学和宏观经济学。

经济学

Chapter 2

与企业相关的
经济学

企业以盈利为目的，按照一定计划进行经济活动。那么，企业和经济学之间存在怎样的联系呢？

经济学 2

01 企业究竟是什么?

企业支撑着这个社会,也得到社会支持,是整个经济社会的基础。本节将从经济学的角度对企业存在的最终目的进行讲解。

在经济社会的主体中,企业撑起了半边天。许多人作为职员被企业雇用,企业购买和租赁土地、建筑物、机器等进行生产活动,企业之间进行着关于产品和服务的交易,整个经济因此活跃起来。如果没有企业,所有的生活基础设施就无法建立,社会将混乱不堪。总之,企业在经济活动中发挥着重要的作用。

企业活动的意义

雇用人才

生产活动

股票市场

交易

◉ 支撑着企业的是巨大的人力资本

以集团形式进行经济活动的企业在不断成长的过程中,由人来运营,同时也维系着人的需求。因为它规模大,所以能长时间持续经营。

那么，企业的目的和存在的意义是什么呢？对这个问题，存在着各种各样的见解，比如贡献社会、激活经济、返还劳动报酬、确保股东利益等。但在根本上，当然是追求长期利润。因为只有持续地获得利润，才能满足员工经济上的要求，才能贡献社会，才能满足股东的期待。

企业的最终的目的是什么？

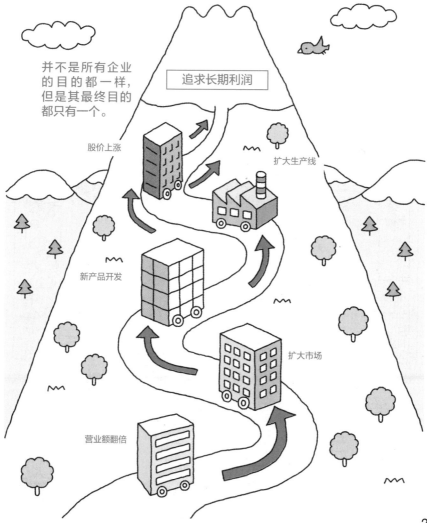

并不是所有企业的目的都一样，但是其最终目的都只有一个。

追求长期利润

股价上涨

扩大生产线

新产品开发

扩大市场

营业额翻倍

生产量与生产费用（成本）的最佳平衡是什么？

经济学 2
02

企业的使命是以最低限度的成本追求最大限度的销售额，但有时候会因为工作安排存在问题，最终只增加了工资支出，利润却没有提升。

经济学上，人们从生产和成本两个角度来分析企业的活动。其中，生产函数体现劳动力、资本等与生产相关的要素和产量之间的技术关系。边际生产力递减规律指的是，为了增加产量，即使增加某一种生产要素，也不能像初期阶段那样进行有效生产，生产扩大的幅度反而逐渐减小。

劳动力的规模和生产效率不成比例的理由

仅仅凭随意增加两个劳动力，生产量是不会提高三倍的。

尽管如此，企业还是以利润(收益)最大化和费用最小化为目标，并谋求产量最大化。但是，如果产能超过一定的水平，产出超过适当的数量，效率就会下降，成本就会上升。因此，经济学上，用费用函数来表示生产所必需的最低费用，并用曲线表示出来，这种曲线就叫作"费用曲线"。

工作时间和生产效率不成比例的费用曲线实例

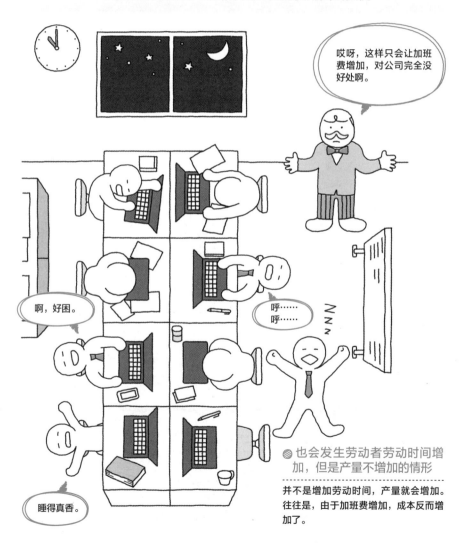

哎呀，这样只会让加班费增加，对公司完全没好处啊。

啊，好困。

呼……
呼……

睡得真香。

● 也会发生劳动者劳动时间增加，但是产量不增加的情形

并不是增加劳动时间，产量就会增加。往往是，由于加班费增加，成本反而增加了。

31

经济学 2

03 薪资是如何被确定的？

利润随着产量变化，通过成本管理来最大限度地提高利润是十分重要的。否则，员工的工资就无法上涨。

本节就企业如何实现利润最大化进行说明。销售额即销售收入，由"销量×销售价格"决定。并且，每件商品的生产成本随着该商品的生产数量而变化。因此，企业必须找出使销售额减去总生产成本后得到的利润达到最高时所对应的产量。

企业销售收入中的费用分摊

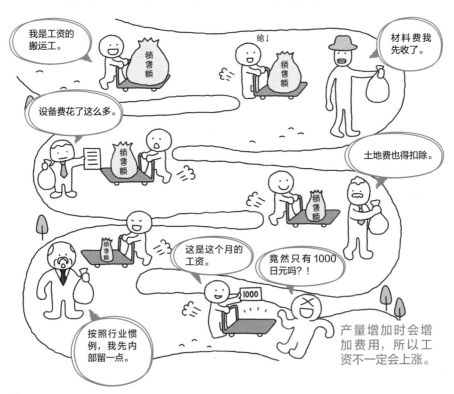

要知道取得最高利润时所对应的销量，企业就有必要充分掌握边际收入与边际费用之间的关系。边际收入是指多销售一个单位产品而增加的收入，边际费用是指增加生产一个单位产品时所增加的费用。如果边际费用大于边际收入，那么只要生产就会产生损失。因而，并不是一味增加产量就能增加利润。

边际费用的概念

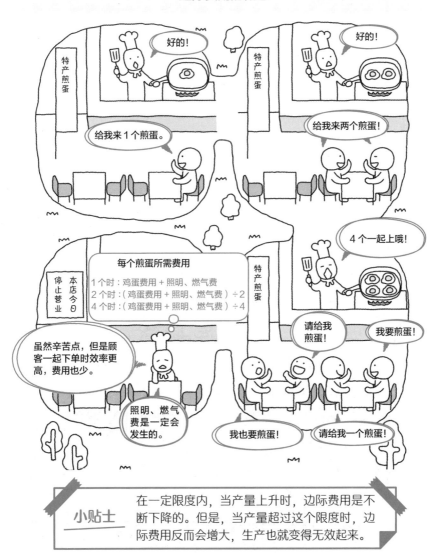

经济学 2

04 任何人都能参与买卖吗?(一)

经济学上,市场的理想状态是,存在任何人都能自由参与交易的环境。因为这样能促进资源和商品的有效利用。

完全竞争市场是指,存在许多相互具有竞争关系的卖方和买方,交易价格由供需平衡所决定的市场。成为完全竞争市场,必须满足以下四个要件:市场上有大量卖方和买方,商品具有同质性,市场信息具有完全性,卖方有进入和退出交易的自由。

完全竞争市场的四个要件

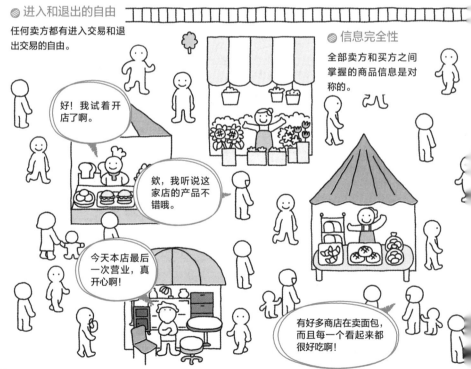

●进入和退出的自由

任何卖方都有进入交易和退出交易的自由。

●信息完全性

全部卖方和买方之间掌握的商品信息是对称的。

好!我试着开店了啊。

欸,我听说这家店的产品不错哦。

今天本店最后一次营业,真开心啊!

有好多商店在卖面包,而且每一个看起来都很好吃啊!

在这样的条件下，如果某个卖者提高了商品的价格，买者就不会在他那里购买，而是会找更便宜的店家购买。相反的例子就是，如果某个买者想以便宜的价格购买商品，卖者也不会售卖，而是以定价出售给其他买者。也就是说，在这个市场上，卖者和买者数量都很多，因此可以进行公平交易。这样的市场就是完全竞争市场。

小贴士

如果取消"完全竞争"的假设定义，那么每个人的行为都会对价格具有支配力。这样的市场相当于垄断状态下不公平的"不完全竞争"市场。

完全竞争市场

好多店啊，每一家都很便宜呢。

◎ 商品同质性
在市场上买卖的商品不存在差别。

◎ 大量的交易主体
有大量的卖方和买方，谁也没有对价格的支配力。

今天市场上来了好多顾客啊。

05

经济学 2

任何人都能参与买卖吗？（二）

有时候，市场被一家或少数企业支配，市场公平机制可能无法发挥作用。
这样的企业叫作"垄断企业"或"寡头企业"。

　　与完全竞争市场相反的市场也存在，这种市场就是垄断市场。在垄断市场上，提供某个商品的企业只有一家。因为没有其他竞争企业，垄断企业可以自由控制销售价格，具有市场支配力，从而可以实现利润最大化。在垄断市场上，因为价格设定高，而且竞争对手之间的竞争原理不发生作用，所以产量容易变低。

垄断企业和寡头企业

垄断企业

在特定的市场上一家独存，具有市场支配力。因为没有竞争对手所以可以大赚特赚，但对消费者来说它是不理想的状态。

我想在这座岛上做生意，好像不行啊。

另外，少数企业在市场上拥有市场支配力的状态被称为"寡头"。在寡头企业之间，存在着战略性相互作用，因为在决定价格和产量的时候，必须考虑对方的反应。无论如何，随着垄断企业和寡头企业的发展，市场会产生各种各样的问题：价格上涨、品质下降，甚至产生壁垒，使其他企业无法自由进入该市场。

寡头企业

存在于特定市场，数量不多，与垄断企业一样具有市场支配力。两者之间存在竞争关系，会展开残酷的价格和质量竞争。

好像这座岛上没有新的生意可做。

小贴士

如果垄断状态持续，就会在价格决定方面产生导致不平等的潜规则。由此，限制垄断、不公平交易的《反垄断法》出台了。

经济学 2

06 是谁决定了价格？

在完全竞争市场上谁也无法控制价格。市场会自然引导需求和供给两者的效用和利益。

在完全竞争市场上，价格由需求和供给之间的平衡决定。假设存在一条生产者供给曲线和一条消费者需求曲线；供给曲线呈现出向右上方延伸的趋势，反映供给量随着价格上升而增加；与此相对，需求曲线呈现出向右下方延伸的趋势，反映供给量随着价格降低而增加。两条曲线在某一点相交，这一点就是市场平衡点。

价格调整失败后会如何？

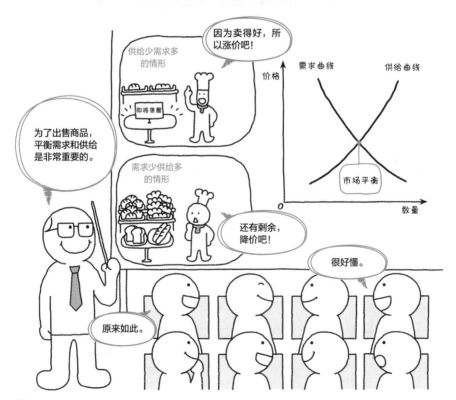

市场平衡点是"消费者达到效用最大化时的需求量"和"企业达到利润最大化时的供应量"达到一致的点，由市场进行价格调整；以即使各经济主体变更自己的需求量和供给量也不会对市场价格产生影响为前提，分别制订最佳的计划。像这样只能接受由市场决定的价格的经济主体（买者或卖者）被称为价格接受者。

针对价格接受者（Price Taker）的讲解图

顾客和商店都不能控制市场价格

市场调整价格是这样发生作用的

相对于市场规模而言，买方和卖方数量都很少，所以无论购买价格还是出售价格都不能按照他们主观所期望的结果来制定，只能遵循市场水平。

经济学 2

07 为什么市场上存在只有一家企业的情况?

进行巨大初期投资的产业,会通过增加产量来降低费用,从而获得利润,这被称为"规模经济"。

汽车制造商为了生产车辆,必须对机器和工厂进行巨大的初期投资。为了运行生产线,需要雇用很多有专业知识的技术人员和工人。虽然要花费很多钱,但是如果增加产量,每辆车的平均生产费用就会减少,收益率就会提高。这种现象叫作"规模经济"。

通过汽车产业看规模经济

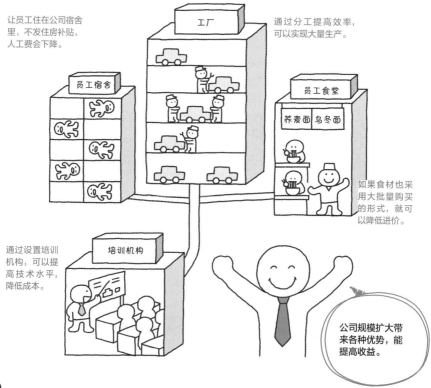

让员工住在公司宿舍里,不发住房补贴,人工费会下降。

员工宿舍

工厂

通过分工提高效率,可以实现大量生产。

员工食堂

荞麦面　乌冬面

如果食材也采用大批量购买的形式,就可以降低进价。

通过设置培训机构,可以提高技术水平,降低成本。

培训机构

公司规模扩大带来各种优势,能提高收益。

如果规模经济进一步发挥作用，就会变成自然垄断。以电力和燃气产业为例，电力产业除了建设发电站外，还需在整个区域遍布输电网等，需要巨大的初期投资。输电量越多，平均费用就越低。也就是说，与其由多家企业分别配置输电网来运营，不如集中到一家公司来运营，效率更高。基于这样的经济学理由，市场上只存在一家企业的情况发生了。

自然垄断就是坐上唯一的座位

只要能坐在椅子上，就只有我一个人赢了。

我要想办法坐在垄断的椅子上。

垄断

竟然只能坐一个人!

如果能坐上那个座位就好了。

◉ 恶意垄断是《反垄断法》限制的对象
- - - - - - - - - - - - - - - - - - -
有的垄断企业会利用其地位提高价格，因此法律往往会对这种企业进行限制。

41

经济学 2

08 垄断企业可以任意制定价格吗?

垄断企业可控制市场,它在市场上没有竞争对手。因此,它可以自由决定自家产品或服务的价格,但做决定的时候也要考虑产量或服务因素。

在市场上,如果只存在一家制造和销售特定产品或提供服务的企业,那么这家企业就是垄断企业。存在垄断企业的市场,可以说是与前面提到的完全竞争市场完全相反的市场。与完全竞争企业是价格接受者相反,垄断企业没有竞争对手,可以自由控制自己的产品产量和销售价格或服务价格。比如,制造业中的垄断企业只要降低产量,就能够使产品价格相应上涨,从而获得利润。

垄断企业可以自由控制价格

我想赚更多。

再稍微提高点价格。

好的,垄断国王,明白。

好的,垄断国王,明白。

这种具有市场支配力的垄断企业被称为"价格制定者"（Price Maker）。当然，如果任意操纵价格，就会与消费者的需求不相符。因此，垄断企业通过调整产量或服务来变动价格。以制造业为例，价格上涨时，控制产量；产量增加时，降低价格：以此来保持供需平衡。

价格制定者通过销售量调整供需

经济学 2

09 寡头垄断行业中存在怎样的企业？

寡头是指市场被少数企业支配的情形。仔细观察身边，会发现这样的情形比想象的多。

垄断市场是指一家企业独占的市场，寡头市场是指由少数企业支配的市场。在寡头市场中，如果企业数量为两家，则称为"双寡头市场"，另外，竞争者之间也会发生价格竞争。并且，在寡头市场上进行交易的产品或服务中，以制造业为例，存在着即使制造者不同，质量也不会出现差异的"同质产品"，以及制造者不同，质量也存在差异的"异质产品"。

寡头垄断行业中，针对同质产品和异质产品的相关消费者心理

必须先认真确认一下生产商才能买。

异质产品柜台

选一个相对便宜点的就好了吧。

同质产品柜台

小贴士

因为事先对竞争对手的价格进行了调查，所以对于同质产品的价格设定是很严格的。但对于异质产品，其价格在一定程度上可以由企业自由设定。

一般而言，卖给企业的产品比较多的是同质商品，卖给消费者的产品比较多的是异质产品。另外，如果是同质产品，消费者会选择便宜的；如果是异质产品，消费者会根据生产商进行挑选。事实上，世界上是存在寡头垄断行业的，家庭游戏机、客机、电信、啤酒、安保、汽车等行业都是。这些行业形成了少数大企业既支配市场又相互竞争的市场结构。

常见寡头企业的市场占有率

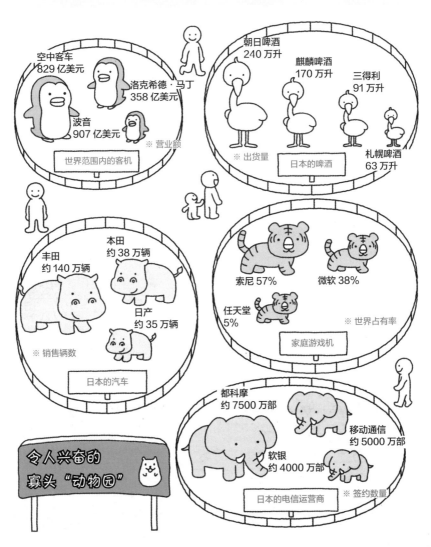

空中客车
829 亿美元

洛克希德·马丁
358 亿美元

波音
907 亿美元

※ 营业额

世界范围内的客机

朝日啤酒
240 万升

麒麟啤酒
170 万升

三得利
91 万升

※ 出货量

札幌啤酒
63 万升

日本的啤酒

丰田
约 140 万辆

本田
约 38 万辆

日产
约 35 万辆

※ 销售辆数

日本的汽车

索尼 57%

微软 38%

任天堂
5%

※ 世界占有率

家庭游戏机

都科摩
约 7500 万部

移动通信
约 5000 万部

软银
约 4000 万部

※ 签约数量

日本的电信运营商

令人兴奋的
寡头"动物园"

45

寡头垄断行业是类似博弈的存在吗？

在几家公司相互竞争的寡头垄断行业，企业间一边展开博弈论，一边揣摩对方的下一步棋，以采取进一步的进攻策略。

所谓**博弈论**，是指事先对竞争对手针对自己所采取的措施进行判断，然后在此基础上考虑如何应对才对自己最有利的理论。博弈论是以微观经济学为主，对经济现象进行说明的分析工具之一。在一个由寡头垄断的行业市场上，几家寡头企业进行竞争时，会依据博弈论巧妙地运用应对之策。

寡头垄断状态下博弈论的开展

这是因为在生产、销售本企业的产品时，需要周密地分析其他企业产品的价格、产量、质量来制定策略。此外，即使各企业拟采取共同决定价格的行为，也就是成立卡特尔，也可能会有一家企业采取抢先一步降价的策略，以达到钻空子的成效。但是，在寡头垄断行业，存在对他人和自己而言，都已经处在采取了最合适策略的状态，这个状态被称为"纳什均衡"。

通过纳什均衡看商业场景

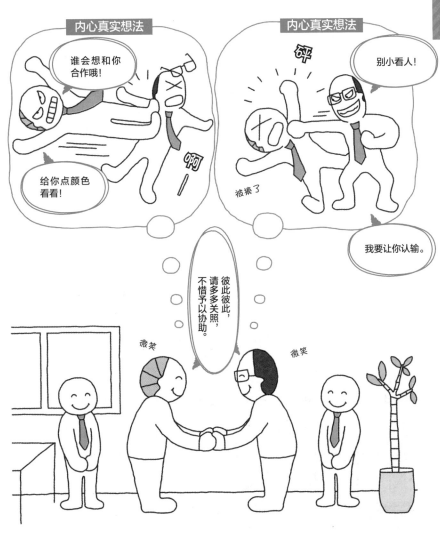

经济学 2

11 寡头垄断行业内为什么不合作?

我们可以把寡头垄断市场中的企业的想法比作囚徒来进行说明。它们采取策略后最终出现的结果,实际上是深奥的人类心理的反映。

你知道博弈论中有一个叫"囚徒困境"的著名理论吗?因为这个理论对考察寡头市场中企业的想法及其行动很有参考价值,所以在这里进行说明。顺便提一下,所谓困境,意为处于左右为难的境地。言归正传,我们从两个好友都涉嫌犯罪,分别在不同房间接受警察讯问的场景开始。

寡头垄断行业中两家被比作囚徒困境的企业

两个人分别被讯问。

"你们将被判处5年有期徒刑，但是，只要说是你的同伴干的，你就无罪，你的同伴将被判处10年有期徒刑。"警察对其中一人低声说道。接着，他补充道："如果你们都保持沉默，会被判处2年有期徒刑；如果你们都坦白，会被判处5年有期徒刑。"本来，两人应该合作，都保持沉默，但是因为把责任推给对方会得益，所以最终两人迎来"互相背叛"的结局。

小贴士

把垄断企业比作警察的讯问室。每一家企业就如同囚徒困境中的囚徒，都采取了对自己有利的行动，所以错过了对各方来说都比较好的结果。也就是说，在这种情况下，每家企业都选择了不合作。

经济学 2

12

在竞争对手相同的情况下，容易发生合作吗？

通过"仅一次"博弈和"重复"博弈，对竞争对手的看法会发生变化。这时候，思考长期下去如何对自己更有利的机制就会发生作用。

前面提到的囚徒困境理论有一个大前提，它就是其中的博弈(交易)只有一次。如果重复博弈，那么玩家的策略是否会发生变化呢？我们来思考一下这个问题。一次性博弈和重复博弈最大的区别是，是否需要预测未来。后者会萌生既能避免今后损失，也能长期获得巨大利益的策略。

只有一次博弈的囚徒困境中的纳什均衡

采取背叛战略，进行负面思考

这是因为，如果通过保持某种长期关系就可以获得巨大利益，那么相比采取长期对抗策略，保持长期合作更为合理。因此，通过合作达到纳什均衡的可能性提高了。这被称为"无名氏定理"。在博弈对手固定且保持长期关系的前提下进行策略考量时，保持合作是最好的选择。

通过重复博弈达成合作的无名氏定理

明天也要比赛，我们公平竞争，保持友好关系吧。

因为今后成为多次竞争的对手，所以我们一起合作操控比赛吧。

考虑将来的利益进行合理思考

小贴士

从长期来看，与对方合作会更有利，但是在封闭的行业内，无名氏定理所涉及的博弈，有时会向不好的方向发展。

经济学 2

13 什么是卡特尔?

为了逃避激烈的价格竞争和独占利益，寡头企业之间会采取一些策略，结果是……

市场上往往存在几家垄断企业，它们经常谋求形成**卡特尔**。典型的模式是，将商品的价格设定得很高，有意识地控制其产量，以维持高价。当然，由此蒙受损失的是消费者。不仅如此，卡特尔还会抑制社会整体的经济活力，其弊端不可估量。在法律上，卡特尔不仅被严令禁止形成，还被定为一种犯罪组织，会受到严重处罚。

卡特尔是寡头企业之间达成的联盟

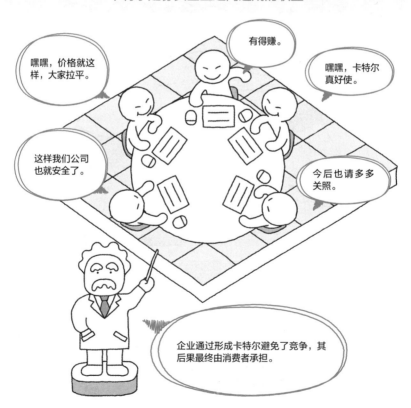

嘿嘿，价格就这样，大家拉平。

有得赚。

嘿嘿，卡特尔真好使。

这样我们公司也就安全了。

今后也请多多关照。

企业通过形成卡特尔避免了竞争，其后果最终由消费者承担。

如果寡头企业之间就产品的价格或产量达成一致，就能获得非常高的利润。为了从价格竞争的消耗中解放出来，各企业总是倾向于形成卡特尔。卡特尔总是统一设定很高的价格，其中的一家企业只要比其他企业抢先一步稍微降价，就能让自己取得很大的利润。不过，因为企业之间总是反复形成卡特尔，所以抢先一步降价的情况很少发生。

如果不合作，就会遭到严重报复……

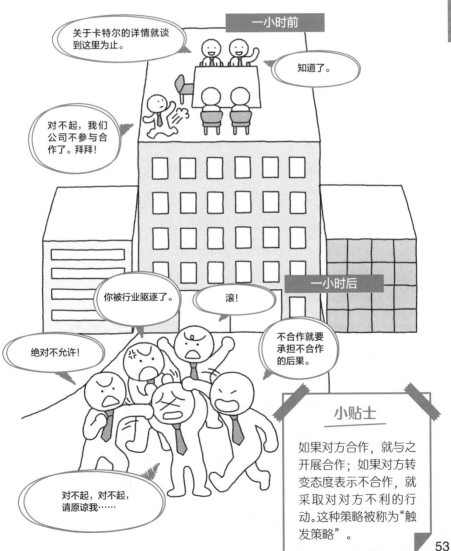

专栏02

什么是

新古典派与凯恩斯派?

在经济学学派中，对立最明显的是新古典派和凯恩斯派。新古典派是指继承古典派(18—19世纪的旧经济学)的学派。凯恩斯派是指对无法就20世纪30年代经济大萧条进行说明的古典派（新古典派的前身）进行批判，提出新理论的学派。这两个学派的最大区别在于，对经济大萧条时政府是否应该采取经济对策存在不同观点。

一方面，新古典派无法解释经济大萧条时出现的大量失业现象；另一方面，凯恩斯派的经济对策也不一定有效。因此到现在，两派之间的争论还没有结束。另外，新古典派主要以微观经济学为分析对象，凯恩斯派主要以宏观经济学为分析对象。在分析对象方面，两个学派也有很大的差异。

在这里顺便讲一下，近年来，新古典派有着压倒性的影响力，但从2008年秋天以来，受全世界经济大萧条的影响，凯恩斯派再次受到关注。

凯恩斯　　里昂·瓦尔拉斯
　　　　　（新古典派）

与市场相关的
经济学

在市场上，每天都会发生很多商品交易。经济学家一直以来就关注市场，并对其进行研究。那么，市场到底是什么呢？

经济学 3

01 市场究竟是什么?

控制着社会经济的市场,是谁在操作且如何操作的呢? 18世纪,著名的经济学家亚当·斯密弄清楚了这个问题。

18世纪,经济学家、哲学家亚当·斯密就这个问题进行了阐述。他指出,要实现国家富裕的目的,就要排除国家控制,允许个人自由活动,这样才能发挥市场机制,促进经济发展。因此,他强烈主张经济活动自由。当时的英国,只有特权阶级过着滋润的生活。实现经济活动自由后,英国的社会结构开始发生转变。通过产业革命,资产阶级兴起,英国进入向近代资本主义转型时期。

市场是由"看不见的手"推动的

今天晚餐买什么好呢?

啊,这位太太也去买晚餐吗?

尽量买便宜点的比较好吧。

消费者

需求

这就是市场!

亚当·斯密在《国富论》中认为，在市场上，只要消费者和企业以追求自己的利益为目的采取行动，慢慢就能自然而然地形成平衡、合适的价格。他将市场的这种机制称作"看不见的手"。这个观点非常有名。也就是说，市场调节不只是依靠人们为追求自己的利益而采取贪婪的行为就能成立；同时他预见到，市场调节的结果会关系到整个经济社会的利益。

小贴士

但是，1929 年，发生了以美国股价暴跌为开端的世界经济大萧条，引起了"仅放任市场自由会引起恐慌"的争论。

太贵就没人买了。

今年又产出了很好的大米。

生产者

由市场平衡来决定价格吧。

供给

平衡点

各自的需求自然而然达到平衡，并决定价格。

经济学 3

02 市场的最好状态是怎样的?

经济学上有一个探索如何有效利用市场资源的概念,叫作"帕累托最优"。

经济学上,帕累托最优是指资源分配的一种理想状态,即在资源分配中,一方的效用降低,另一方的效用就不能提高的状态。也就是说,它体现了对整体效用最大化的追求。从市场的角度来说,它是指卖方的产量和买方的消费量处在最合适的状态。

体现最佳分配的帕累托最优

每个人都能得到满足的最佳状态

假设有A君和B君两个人。A君有两个苹果和两个橘子。他喜欢苹果，不喜欢橘子，但也不讨厌橘子。B君有两个苹果，他既喜欢苹果，也喜欢橘子。如果A君将橘子送给B君，那么B君的状况会得到改善，A君的状况也不会恶化。这就是帕累托最优。而最初水果的分配状况并没有达到帕累托最优。

把市场状态比作两个人的效用

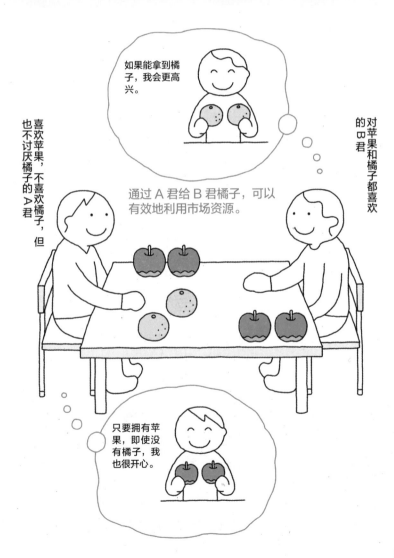

如果能拿到橘子，我会更高兴。

喜欢苹果，不喜欢橘子，但也不讨厌橘子的A君

对苹果和橘子都喜欢的B君

通过A君给B君橘子，可以有效地利用市场资源。

只要拥有苹果，即使没有橘子，我也很开心。

经济学 3

03 市场经常是不稳定的（一）

市场是社会经济的核心，但事实上，市场有着不稳定、不完整的一面。

在一定条件下，市场可以有效地调节商品分配，但如果条件不完备，有时就无法很好地发挥作用。买方和卖方都不能决定市场上商品的价格。但是市场上如果缺乏竞争，结果会怎样呢？比如说，市场上出现垄断企业和寡头企业，当它们提高价格，减少产量时，就会发生市场低效。我们称这种状况为"**市场失灵**"。

市场一直在走钢丝，有失败的风险

蒙着眼睛走钢丝，和条件不完备的市场一样危险哦。

垄断企业

操控价格

不平衡

市场

寡头企业

市场一直存在不确定因素

导致市场失灵的还有其他原因，即经济活动中的外部因素。假设河的上游有工厂，工厂向河里排放化学物质。本来，工厂必须承担清除化学物质的成本，但是它没有承担，由此就能生产出比承担成本后更便宜的产品。因为没有承担本应该承担的成本，所以从社会整体角度来看，工厂的产量就不是最佳产量。

公害是外部因素的代表

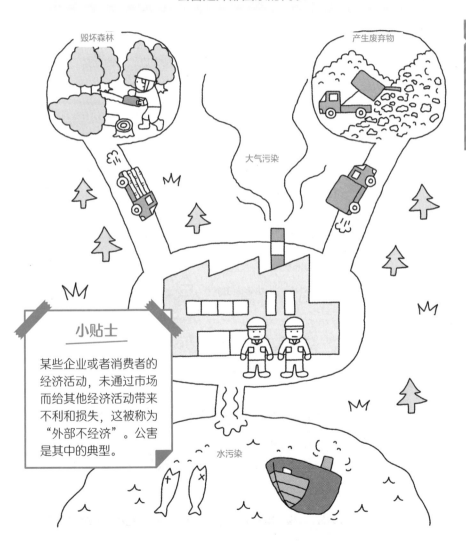

毁坏森林

产生废弃物

大气污染

小贴士

某些企业或者消费者的经济活动，未通过市场而给其他经济活动带来不利和损失，这被称为"外部不经济"。公害是其中的典型。

水污染

经济学3

04 市场经常是不稳定的（二）

市场经济的敌人有时是一般民众，有时是企业。如果小看他（它）们，就会带来灾难。

你知道"公地悲剧"的故事吗？在该故事中牧羊的村民看来，牧草是村民的公共财产，是免费的可无限使用的资源。由此发生过度放牧，不久公地牧场成为不毛之地。这表明，如果谁都恣意浪费资源，市场迟早会面临破产的危机。

公地悲剧是这样发生的

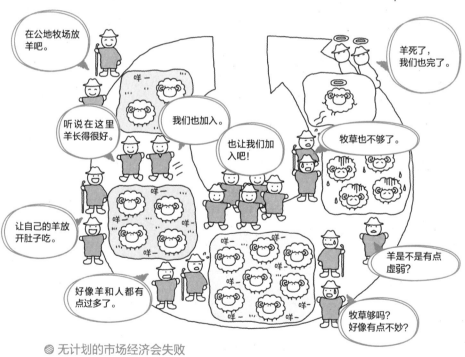

◉ 无计划的市场经济会失败

资源并非无限的，总有一天会枯竭。如果无计划地浪费资源，市场就会崩溃。这被称为"公地悲剧"。

在市场上，道德风险也是一种危险的存在。举例来说，即使企业已经购买了火灾保险，也不能忽视火的危害，更不能因疏忽而酿成火灾。如果发生重大火灾，由此导致保险费上涨，其后果将由所有参加保险的人承担。大型金融机构和大企业认为"政府会进行救济"的认识也是道德风险的一种形式。这种误解会使市场朝着不确定的方向发展。

对市场经济产生威胁的道德风险的一个例子

得救了！

政府也会救我们的。

反正会提供帮助，那就快点提供帮助吧！

大企业

呵，千钧一发，能即时给他们提供帮助，真是太好了。

政府

那家公司得救了，真好。

◉ 大企业破产的后果由全体公民承担

给大企业提供帮助，在背后提供支撑的是税收。也就是说，事实上做出牺牲的是全体公民。

中小企业　哇

市场不稳定是否可以克服?

经济学3
05

有个经济学理论认为，对于可能发生市场失灵的问题，可以通过当事人的自主行为得到解决。这个理论叫作"科斯定理"。

在现实中，很难准确测算外部不经济带来的不良影响。不过，即使没有政府介入，也可以通过民间经济主体的自主行为来解决市场失灵问题。这就是科斯定理。经济学家罗纳德·科斯认为，如果通过谈判可以获得利益，那么以此为动机，就可以解决市场失灵。另外，如果谈判不需要费用，结果就会形成双方当事人之间达成同等资源分配。

通过民间经济主体的自主行为解决

好吧，关于损失的赔偿就这样定了。

了解。就这样解决。

因为外部不经济导致的市场损失就此解决。

◎ 即使没有政府干预，也可以通过当事人的自主行为解决

如果企业之间可以通过协商解决市场问题，就不会发生市场失灵，这是科斯定理的基本观点。

举个例子，A君一弹钢琴，隔壁的B君就会生气。弹钢琴给A君带来快乐，却给B君带来痛苦。假设A君的快乐相当于1万日元，B君的痛苦相当于2万日元，那么，如果B君给A君1.5万日元，也许就可以让A君停止弹钢琴。理论上存在一种让A君和B君双方都能接受的价格。但是实际解决这个问题，将价格确定下来还是很困难的。

科斯定律仅由效率决定

B君：吵死了，根本睡不着。

A君：弹钢琴真快乐啊！

B君

A君

经济学家罗纳德·科斯：将外部不经济内部化，达到双方协商一致的最佳资源分配就好了。

小贴士

罗纳德·科斯把这个想法以逻辑模型表示出来。他本人在1991年获得诺贝尔经济学奖。

经济学 3

06 事实上任何人都和市场有关

在每个人都可以免费使用的"公共品"中,每个人都承担着相关的费用。
每个人都应该在生活中认识到,自己是市场经济的参与者。

你听说过"公共品"这个词吗?你身边就有许多公共品。公园、道路、路灯、桥梁、消防员、警察、军队等都可称为公共品。公共品具有非竞争性和非排斥性:非竞争性意味着不管谁使用,都不会影响他人使用;非排斥性意味着任何人都不能独占专用。具有这两种性质的产品或服务叫作"公共品"。

公共品和经济的关系

我住在公园里。

非纳税人

公园

具有无论谁使用,都不会影响他人使用的非竞争性。

路灯

通过在街上安装路灯,有助于维持治安,对经济也有好处。

比较重要的一点是，公共品也需要花钱。但是，因为是非排斥性的东西，所以不支付对价的人也可以免费使用，可以得到便利。如果这种情况逐步升级，生活中不可或缺的公共品的供给就会停滞。公共品即使委托给市场经营，也是靠各种税收来支撑的。从这个角度来说，任何人都应该意识到自己与市场有关，并承担部分责任。

专栏 03

由于逆向选择
导致市场失灵

市场失灵指的是，市场调节价格的功能失灵，其中之一叫作"逆向选择"。这是由于买方和卖方所掌握的商品信息存在偏差，妨碍了对资源的有效分配，以致市场失灵。

举一个二手车市场的例子。一方面，二手车的卖方是专业的，能够对所持有的车辆进行检测，也就清楚地知道所卖的车辆的质量；另一方面，买方如果不相信卖方的宣传，就会放弃购买二手车，结果会导致市场整体规模变小。

另外，保险公司如果无法知晓投保人的健康状况，并且只有健康状况不好的人购买保险，保险公司就无法维系。这也被称为逆向选择，与道德风险有着密切的联系。

经济增长的机制
是什么?

为了让生活更加富裕,经济增长是不可或缺
的。那么,经济增长究竟是靠什么样的机制
实现的呢?

01 货币是如何周转的?

货币在个人和企业之间持续周转而产生的经济，被称为"**市场经济**"。
它是所有经济活动的基本形态之一。

通过了解货币周转，我们可以简单理解经济机制。若经济的基础是个人（家庭开支）和企业之间的相互交往，那么这样的经济叫作"**市场经济**"。家庭开支和企业经常在两个市场内进行交易，这两个市场分别是商品市场和劳动等生产要素市场。

通过商业街看市场经济

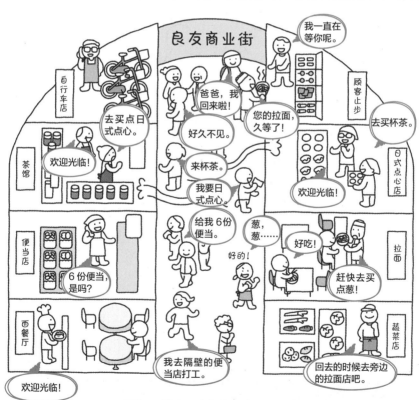

不知不觉中，人们在日常生活中参与了经济活动

举个例子，A君在水果店买了500日元的梨，这笔钱就成为店里的收入。在商品市场上，钱就从个人（家庭）流向了企业。另一方面，在生产要素市场上，金钱的流动是相反的。水果店需要能成为员工的劳动力，A君的500日元中的一部分就成为该店某个员工的工资。得到工资的员工会用工资去购买别的商品。这样的循环不断持续。

在两个市场中连续流转的市场经济

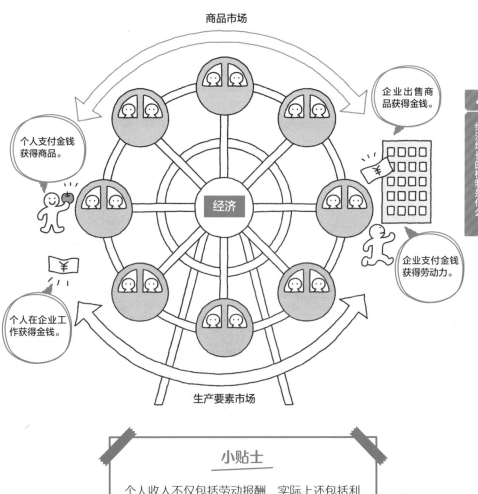

小贴士

个人收入不仅包括劳动报酬，实际上还包括利息和土地租金等。

经济学 4

02 计算国家富裕程度的指标之一

国内生产总值（GDP）是衡量一个国家经济水平和国民生活水平的重要指标。

你是否经常听到GDP这个词？它是英文"Gross Domestic Product"首字母的合写，用来表示国民一年的附加价值的总和。GDP是衡量一个国家一定期间的经济活动规模的指标，是最有参考价值的数字，所以经常在评估经济增长状况时用到。这个概念的重点在于附加价值的总和。那么，附加价值具体指的是什么呢？

GDP 是衡量国家经济活动规模的代表性指标

小贴士

GDP 越高，该国家的经济水平就越高，国民的生活水平也就越高。
目前，在世界 GDP 排名中，第一名是美国，第二名是中国。

例如，某家餐饮企业，一年内购买大米花费10亿日元，购买牛肉花费20亿日元，销售牛肉盖饭收入50亿日元。与50亿日元的销售额相对应，需要花费的成本为30亿日元，所以这家企业的附加价值是扣除成本后的20亿日元。也就是说，这家餐饮企业使国民经济总体附加价值增加20亿日元。各企业的附加价值之和就是GDP。

通过一碗牛肉盖饭看经济生产活动

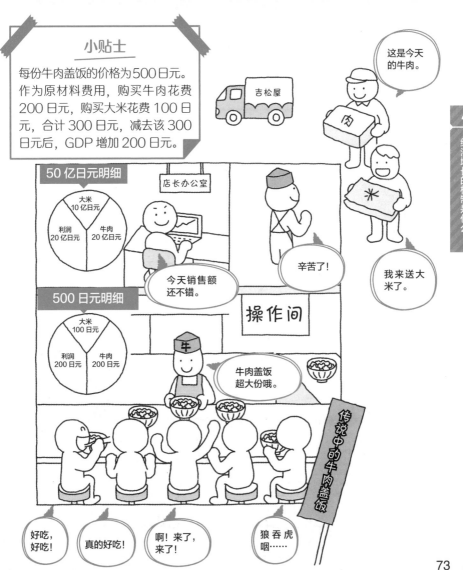

计算国家富裕程度的指标之二

经济学 4 · 03

曾作为表示经济水平的代表性指标国民生产总值（GNP），其可信度是否因全球商业规模变化而降低？

与GDP相对，存在着一个叫作"GNP"的经济指标。它用来表示国民一年赚了多少钱。以日本为例，GDP中包含着外国人在日本所赚的金额，GNP中不包括这些；但GNP中把在海外的日本人在国外赚的金额也计算进去，包括日本人在海外投资获得的利息收入。1993年，GNP被改称为GNI（国民总收入）。

GNP 已经是过去的指标

过去，在表示一国经济水平时，一般用GNP，但是近年来被GDP取代了。最大的原因在于经济全球化。以日本国内为例，外资企业大量涌入。如果在考虑经济规模的时候把它们赚的钱排除在外，这对于把握一个国家的经济状态就是不合适的。

小贴士

人员和物资跨国流动频繁的欧美国家，一直以来都以 GDP 作为主要经济指标。

GNP
（国民生产总值）

日本在计算GNP时，将在国外的日本人赚的钱包含在内，但不包括在日本的外国人、外资企业赚的钱。

GDP
（国内生产总值）

日本在计算GDP时，将在日本的外国人和外资企业赚的钱包括在内，不包括在国外的日本人赚的钱。

● 在国际化程度不断提高的现代社会，GNP 已不能满足时代要求

现代社会国际化程度不断提高。因为在日本的外国人的数量增加了，所以外国人花的钱也增加了。如果不用GDP 而用 GNP 来衡量，就无法很好地把握日本的经济增长情况。

04 家务劳动不包含在经济增长中吗？

单纯的钱生钱不能被视为经济活动吗？ 这一节，我们来思考一下包含在 GDP 中和不包含在 GDP 中的经济活动的价值。

有些经济活动虽然能获得经济利益，却没有统计在GDP中，比如，**资本收益、因有价证券和土地价格上涨带来的销售收益就属于这种情况，因为它们不是生产活动创造出的附加价值。**在家中进行打扫、洗衣服等**家务劳动**也不统计在GDP中，原因是无法正确计量其劳动价值。雇用女佣虽然会发生费用，但由于家务无法交易，所以不能成为统计对象。

明明家务劳动也是很了不起的工作 ……

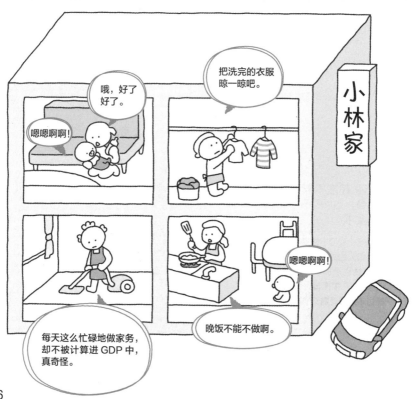

另一方面，也存在即使不在市场上交易，也会被统计在GDP中的情形。对老人的福利服务等由政府产生的附加价值就属于这种情况。这些是通过提供公共服务所花费的公务员工资等费用进行换算。农民自产自销的农作物也视同在市场销售，计算总产量后，折算统计在GDP中。人们把这种假设成发生了市场交易而计入GDP总和中的算法称为"归属计算"。

在市场外部计算的 GDP

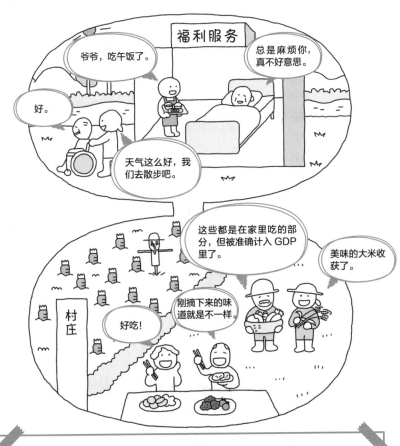

小贴士

除了对老人的福利服务外，警察、消防等公共服务也统计在 GDP
中。另外，为了种植农作物，花费的种子、化肥、农药等成本，
也统计在 GDP 内。

关键词 ·····➔ 物价指数

经济学 4

05 经常听到物价指数这个词，它究竟是什么呢？

物价指数是将价格变化进行数值化，可以用来判断经济活动是否活跃。

在相关的经济新闻中，偶尔也能看到"物价指数"这个概念。该概念对消费者购买的商品（或服务）的价格变化进行综合且客观的反映，用在很多方面。具有代表性的是用于消费品的消费者物价指数和用于企业生产活动的企业（批发）物价指数。日本总务省为了把握物价动向，制作了消费者物价指数，每月公布。

什么是消费者物价指数？

◎ 站在消费者角度以比例表示物价

以消费为目的，用于家庭需要的商品和服务被称作消费品。消费者物价指数是指用比例来表示消费品的物价。

物价指数是指设定某个时候的物价为100，把现在的物价与那个时候的物价相比发生的变化进行数值化的一个指数。假设梨的单价去年是200日元，今年变成300日元，冰箱的单价去年是10万日元，今年变成11万日元，那么这两种物品哪一种物价上涨多呢？正确答案是梨。设200日元的梨为100，则300日元为150；设冰箱的10万日元为100，则11万日元为110。因此，从指数来看可以看出梨的物价涨幅大。

企业在生产活动中使用的是企业物价指数

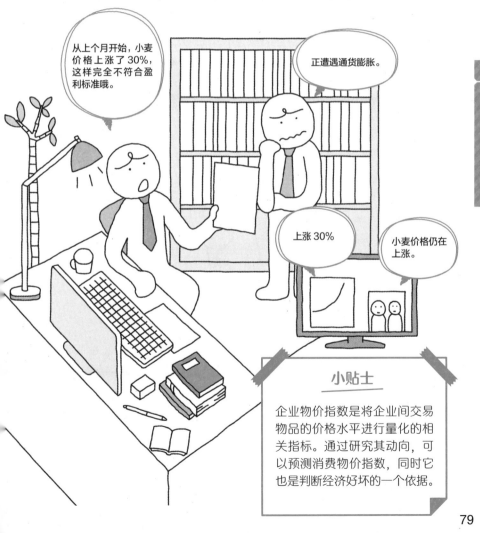

小贴士

企业物价指数是将企业间交易物品的价格水平进行量化的相关指标。通过研究其动向，可以预测消费物价指数，同时它也是判断经济好坏的一个依据。

06 投资是经济增长的基础

为了使经济活动持续，提高经济繁荣程度，投资活动必不可少。另一方面，投资也有不确定性。

经济学上所指的投资，是指为了增加生产能力，向资产投入资金的活动。这里所说的资产，既包括设备和机械等固定资产，也包括以掌握技术为目的的培训活动，以及以提升开发技术和知识为目的的研究开发活动形成的无形资产。投资是经济增长的基础，对于经济活动的持续是不可或缺的。因为只有通过提高生产能力，才能实现经济增长。

投资是经济增长的基础，企业也要进行投资

小贴士

经济学上，增加资产为经济助力的活动叫作投资。从企业的角度来看，生产、研究开发、员工培训等，都是提高生产效率所必要的因素。

我们从更易理解的企业视角来理解投资。企业投资，是为了提高生产效率而进行的"购物"。只是"购物"金额相当大，所以企业就从银行借入资金来进行。借入资金，就得偿还本金和利息。如果利息高，企业就不会进行投资。也就是说，社会上的投资量与银行的利率有关。

企业的投资也伴随着风险

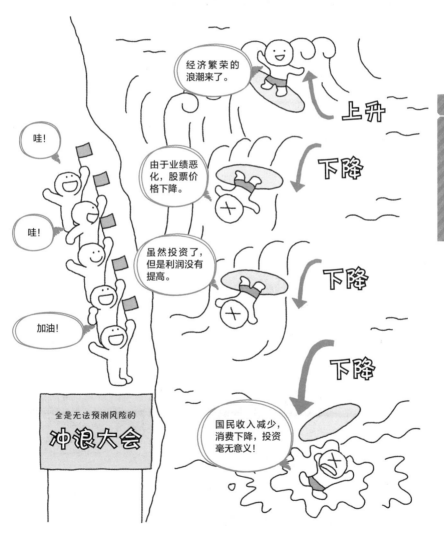

07 理解经济增长还需要关注消费

在考虑经济整体的时候，消费占有重要的位置。它不仅在一个国家的国民收入中占了很大的比重，还担负着经济增长的重任。

　　人们在生活中会不断消费。吃饭、买衣服、在理发店剪头发、坐电车去别的地方——这些全都是消费。经济学上也在个人层面考虑消费，假设商品的价格和人们的收入为定量，对人们在考虑什么因素后进行购物的消费动向进行研究。因为消费在一个国家的国民收入中占很大比例，担负着支撑经济增长的重任。

正因为人生是消费的连续，所以经济才能成立

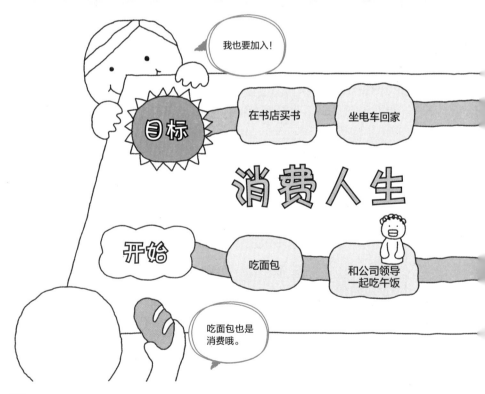

一个人的收入增加后，他会拿出一部分来消费，并将剩下的部分存起来。即使收入为零，他也会动用存款或向别人借钱，用来进行最低限度的必要消费。消费水平就是这样根据收入和生活水平发生变化的。但是，一个人即使收入是原来的两倍，他的购物量也不会变为原来的两倍。因为他的收入的一部分要为将来可能出现的突发事件做准备，何况人类还有储蓄的偏好。

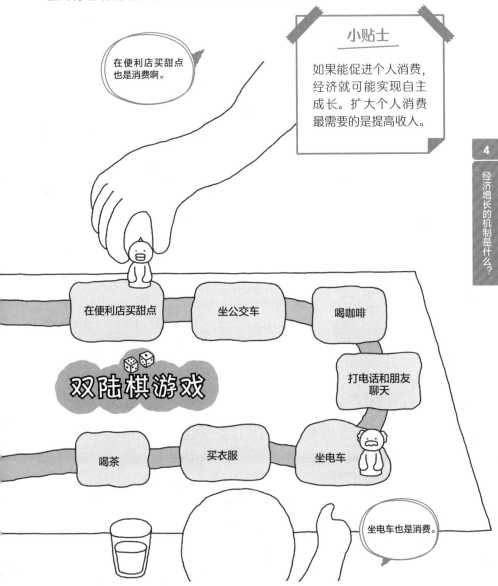

在便利店买甜点也是消费啊。

小贴士

如果能促进个人消费，经济就可能实现自主成长。扩大个人消费最需要的是提高收入。

在便利店买甜点　坐公交车　喝咖啡

双陆棋游戏

打电话和朋友聊天

喝茶　买衣服　坐电车

坐电车也是消费。

08 政府对经济增长是不可或缺的吗?

凯恩斯主义经济学主张,为了摆脱经济萧条,政府调控必不可少。该理论认为,金融政策和财政政策是经济复苏的捷径。

为消除从1929年开始且引起世界大恐慌的经济大萧条,经济学家凯恩斯首创了"凯恩斯主义经济学"。凯恩斯主义经济学的基本理论是"调整供需之间差距的方式,并不是对价格进行调整,而是对数量进行调整"。即使供给比需求多,出现滞销,也不能马上降价。在这种情况下,企业应该通过减少产量而不是通过降低价格来应对。

认为相比价格,数量更重要的凯恩斯主义经济学

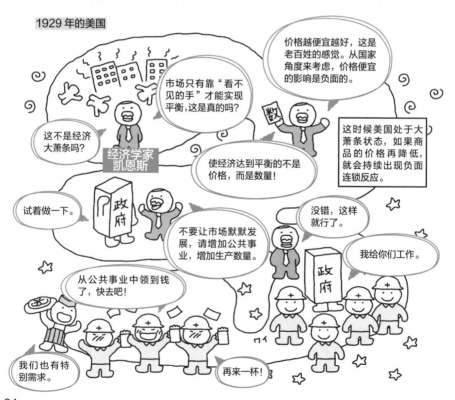

1929 年的美国

价格越便宜越好,这是老百姓的感觉。从国家角度来考虑,价格便宜的影响是负面的。

市场只有靠"看不见的手"才能实现平衡,这是真的吗?

这不是经济大萧条吗?

经济学家凯恩斯

这时候美国处于大萧条状态,如果商品的价格再降低,就会持续出现负面连锁反应。

使经济达到平衡的不是价格,而是数量!

试着做一下。

政府

不要让市场默默发展,请增加公共事业,增加生产数量。

没错,这样就行了。

我给你们工作。

政府

从公共事业中领到钱了,快去吧!

我们也有特别需求。

再来一杯!

凯恩斯建议政府采取政策性调控，即采取金融政策和财政政策。前者指降低利率，后者指投资社会基础设施。他认为，通过实施这些措施，可以为企业创造商业机会，产生雇用需求，由此改善社会需求不足的状况。为了增加GDP，政府的帮助是必要的，凯恩斯强调公共投资具有正当性。

政府通过政策性操作干预经济

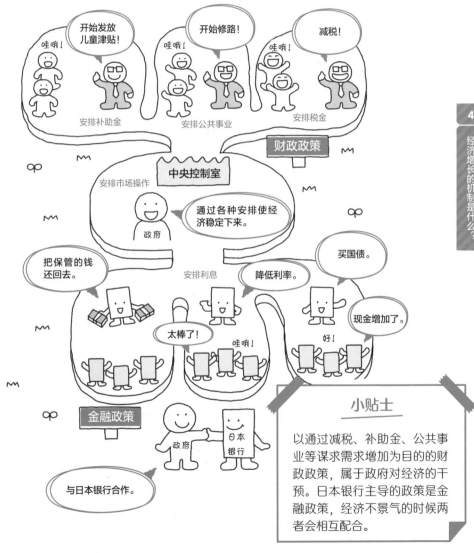

小贴士

以通过减税、补助金、公共事业等谋求需求增加为目的的财政政策，属于政府对经济的干预。日本银行主导的政策是金融政策，经济不景气的时候两者会相互配合。

85

经济学4

09

政府在经济中的作用（一）

政府实施的稳定经济的政策统称为财政政策。减税和公共投资是其两大支柱，财政政策的主要目的是创造有效需求。

在上一节，我们讲到了金融政策和财政政策。在本节，我们将对财政政策进行更深入的讲解。凯恩斯认为：为了消除失业和经济萧条，政府应该采取积极的财政政策。财政政策的主要手段是减税和公共投资。就减税来说，降低税金，只要税前收入不变，到手的收入就会增加。这样一来，需求就会扩大。相反，增加税金，到手的收入就会减少。

最流行的经济政策

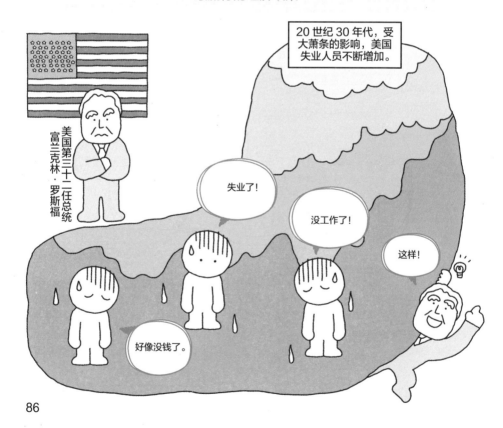

就公共投资来说，设想一下政府投资建造桥梁和道路的情形就比较容易理解。这种投资，能惠及从承包工程的建筑公司到转包单位，很多人都能赚到钱。只要政府通过公共投资来稳定经济，赚钱的人就会增加。伴随着的是，国家的税收也会增加。只是，如果政府兴办公共事业，经济仍然不景气，政府的借款就会不断上升。

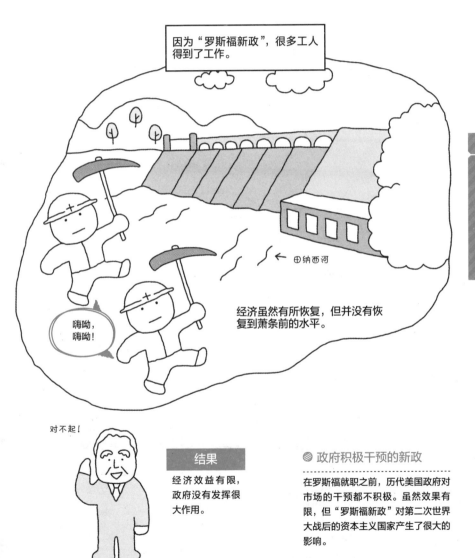

因为"罗斯福新政"，很多工人得到了工作。

← 田纳西河

经济虽然有所恢复，但并没有恢复到萧条前的水平。

嗨呦，嗨呦！

对不起！

结果

经济效益有限，政府没有发挥很大作用。

政府积极干预的新政

在罗斯福就职之前，历代美国政府对市场的干预都不积极。虽然效果有限，但"罗斯福新政"对第二次世界大战后的资本主义国家产生了很大的影响。

经济学 4

10　政府在经济中的作用（二）

财政政策想得取得成功，必须发挥乘数效应作用。但是与过去相比，乘数效应的势头会不断减弱。这是因为……

　　以恢复经济为目的而采取的公共投资和减税政策的成功，取决于乘数效应。乘数效应是指国民收入增长到超过政府实际使用金额的现象。政府所花的钱，会成为某个人的工资，工资增加，购物量也会增加。然后，又有另外一个人赚到钱……这样，正面的连锁反应就会持续下去。

乘数效应的机制

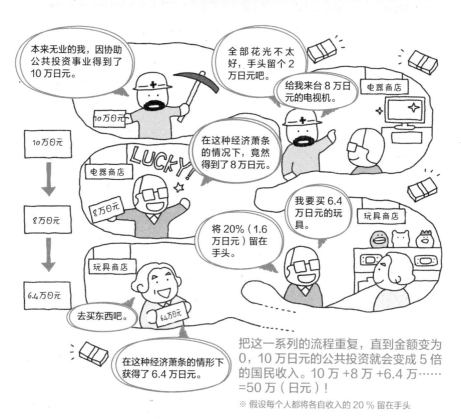

把这一系列的流程重复，直到金额变为0，10万日元的公共投资就会变成5倍的国民收入。10万 +8万 +6.4万……=50万（日元）！

※ 假设每个人都将各自收入的 20 % 留在手头

88

在日本经济高速成长期，公共投资取得的乘数效应影响，第三年差不多是第一年的3倍，但近年来，这种影响已下跌了三分之一。本来，要想扩大乘数效应，就必须在其发生影响的过程中产生连锁性的消费。但是在现实中，人们会将增加的收入用于储蓄和偿还债务等，不全用于消费。这种现象可以说反映了一种不稳定的状况：将来一旦经济不稳定程度加剧，人们储蓄的倾向就会越来越明显。

今昔乘数效应比较

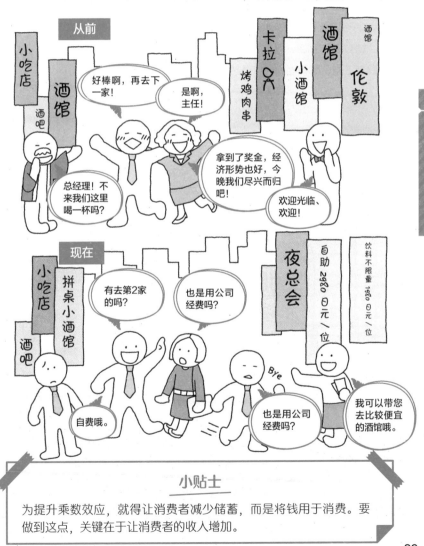

小贴士

为提升乘数效应，就得让消费者减少储蓄，而是将钱用于消费。要做到这点，关键在于让消费者的收入增加。

11 如何衡量经济不景气的程度?

一言以蔽之，失业人员可以分为三类，其中用作经济指标被认为存在社会问题的，是因经济不景气而受到影响的完全失业人员所占的比例。

没有工作的人被称为失业人员，分为三类，包含三种失业状态：其一，自愿失业，指不愿意接受现行的工作条件和收入水平而造成的失业；其二，摩擦性失业，指有工作意愿，但因季节性或技术性等因素而造成的失业；其三，完全失业，指有工作意愿和能力，但仍然失业。

在劳动市场中存在三种类型的失业

经济学上，不存在完全失业者的状态被称为充分就业状态。除了完全失业，无论经济状况是好还是不好，另外两种失业状态（自愿失业和摩擦性失业）都会存在。经济学上称这两种状态下的失业率为**自然失业率**，将完全失业者占全体劳动力人口的比率称为**完全失业率**。造成完全失业的原因，除了经济不景气外，还有地域性问题和产业结构变化带来的影响等。要解决完全失业问题，就需要政府进行权衡并出台政策。

完全失业率上升是经济衰退的证据

税收和社会保障使国家稳定

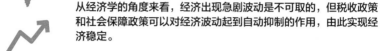

从经济学的角度来看，经济出现急剧波动是不可取的，但税收政策和社会保障政策可以对经济波动起到自动抑制的作用，由此实现经济稳定。

前面提到，政府通过增加投资和支出，可以数倍地增加国民收入。但是，并不是投资和支出增加得越多越好。从稳定性的角度来看，收入（生产活动）变动过于剧烈并不是一件好事。为了抑制经济过热，所得税就成为经济稳定器之一。

什么是自动稳定器？

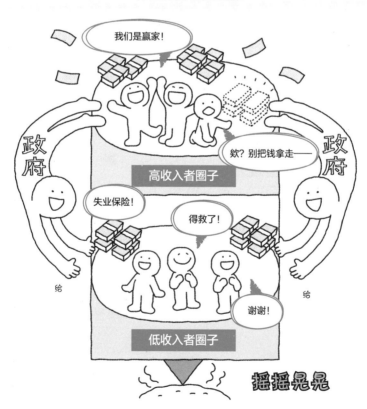

征税的收入越高，税率也越高。这种税制被称为累进税制。税收增加，则人们用来消费的钱会减少，结果会导致市场总需求被抑制。这种税收堪称经济的**自动稳定器**。失业保险也会发挥稳定经济的作用。在经济状况恶化时，通过发放失业保险来将消费低迷控制在最低限度；在经济状况好转时，通过减少发放失业保险来抑制消费扩大。

政府以税收和社会保障政策来实现市场平衡

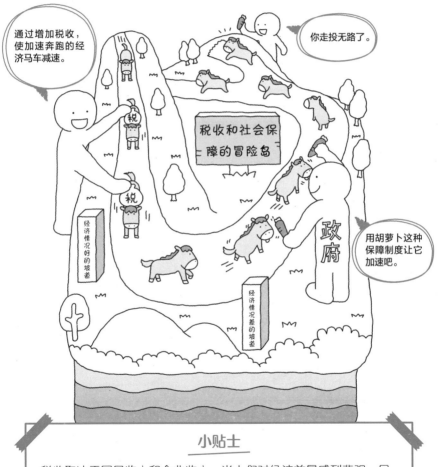

小贴士

税收取决于国民收入和企业收入。当人们对经济前景感到悲观、民间投资低迷时，国民收入会减少。但这时，税收这个自动稳定器会发生作用，从而避免消费降低或国民收入减少。

国家出现财政赤字就意味着不好吗?

无论是家庭的收支还是国家的收支,其盈余和赤字的收支结构是一样的。只是国家的收支存在不严重的赤字和会导致严重问题的赤字这两种状况。

政府的税收超过支出,就出现财政盈余;相反,政府的支出超过税收,就出现财政赤字。经济状况恶化时,失业率会上升,经济活动会停滞不前。当然,此时政府的税收会减少。在财政赤字中,由经济循环所引起的赤字称作循环性财政赤字。这时,经济通过新一轮运行后会再次出现盈余,财政赤字也就自然消除,所以它并不会引起什么严重的问题。

税收和支出的增减决定是盈余还是赤字

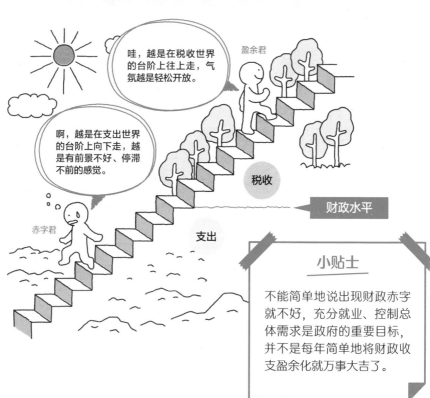

哇,越是在税收世界的台阶上往上走,气氛越是轻松开放。

盈余君

啊,越是在支出世界的台阶上向下走,越是有前景不好、停滞不前的感觉。

赤字君

税收

财政水平

支出

小贴士

不能简单地说出现财政赤字就不好,充分就业、控制总体需求是政府的重要目标,并不是每年简单地将财政收支盈余化就万事大吉了。

一个问题是，出现充分就业财政赤字。这是指失业人员很少，经济状况良好，但支出超过税收的情况。另一个问题是，因为实施政策致使支出超过税收，也就是出现所谓的基础性财政赤字。这种情况如果以家庭的收支来比喻，就是日常生活开销超过收入。就如同家庭通过挪用存款和借款来弥补超出的开销一样，国家也得通过负债来维持运转。

日本的财政赤字机制

❂ 支出一味增加，真的不用担心日本的将来吗？

日本每年因大幅度支出而对外借钱。其总额达 100 万亿日元。
对于要不要支持这种行为，经济学者存在两种态度。

经济学 4

14 什么是初级平衡?

初级平衡反映财政的基础性收支,是衡量政策成本和税收是否持平的尺度。当泡沫经济崩溃以后,日本的国家预算又是怎样的呢?

表示国家财政和地方财政的收支健全程度,使用初级平衡这一指标。它是衡量国民所缴纳的税金与国家的运营费是否持平的尺度。其表示除去发行国债等借来的钱后,国家一年的收入(≈税收)与一年的支出(过去年度借款的本金及其利息)之间的收支平衡。这样解释是不是比较容易理解呢?

初级平衡是指国家的基础性收支

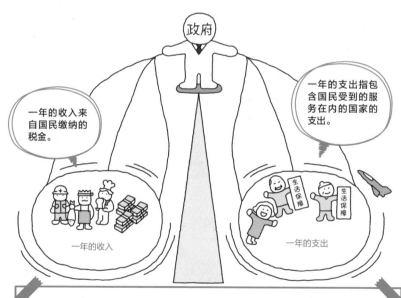

政府

一年的收入来自国民缴纳的税金。

一年的支出指包含国民受到的服务在内的国家的支出。

一年的收入

一年的支出

小贴士

日本政府曾提出在 2011 年达到初级平衡的计划,但因受屡次发生由世界性金融危机导致的经济大萧条的影响,该计划破产。

如果财政收支达到初级平衡，政府的债务就不会再扩大。如果持续出现赤字，政府的债务就会像滚雪球似的越滚越大。泡沫经济崩溃以后，日本财政赤字幅度逐年扩大，2009年达到了历史最高的40.6万亿日元。日本政府的财政预算经常处于超支状态。2015年度，日本政府的财政预算约为90万亿日元。其中国债约占49%。

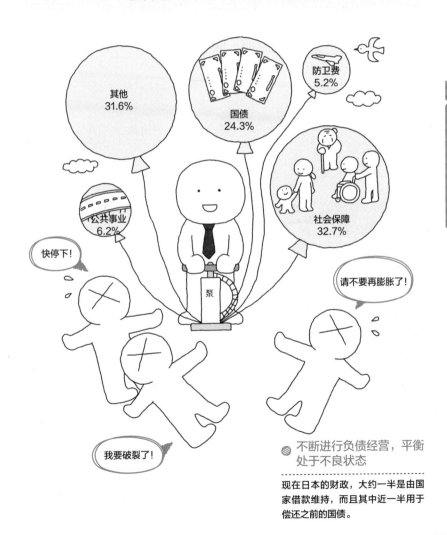

经常因初级平衡赤字而扩大的借款

● 不断进行负债经营，平衡处于不良状态

现在日本的财政，大约一半是由国家借款维持，而且其中近一半用于偿还之前的国债。

4

经济增长的机制是什么？

97

15 增税和发行国债，哪个更好呢？

国家为了支撑财政而发行的政府债券，总有一天必须偿还。可是，发行债券所带来的不良后果由谁来承担呢？

日本的消费税从1989年开始实施，至今其税率已经提高到10%了。应该没有人会因消费税增加而感到高兴吧。另外，日本的政府债券也渐渐进入不能再发行的状态。经济学上，学者们认为增税和发行国债是一样的，它们都被称为中性财政政策。

发行国债和偿还国债时考虑的增税

很辛苦哦！

增税

又落下来了！

国债

为什么一个接一个落下来呢？

增税

啊，一个接一个地来！

◎ **偿还国债的步伐加快，增税的浪潮就会袭来**

如果为了偿还国债而增税，通常就会让人产生受害者的心态。

发行和偿还国债若是发生在同一代人中，那么政府的支出无论是由增税来支撑，还是由发行国债来支撑，都只有时间上的区别；无论选择哪一种方式，最终都是由税收来承担的。如果税收的总额不变，人们用于消费的金额就不会变。这就是李嘉图等价定理，该定理认为国债与税收的经济效果是一样的。

李嘉图等价定理认为，国债和税收在实质上没有差异

小贴士

经济学家李嘉图认为，当发行国债和偿还国债发生在同一代人中，无论是用发行国债还是用增加税收的方式来支撑政府支出，效果都没有差别。

经济学 4

少子化、高龄化状态下，经济还能增长吗？

要解决国家存在的劳动力不足这个严重问题，关键在于跟上 ICT（信息通信领域技术）创新（科技创新）潮流。

现在，日本人口正在向着少子化、高龄化和急速减少方面发展。生育年龄人口自1995年登上高峰后便一直减少，总人口也以2008年为界持续减少。因此，日本的劳动力供给接近极限，劳动力不足给经济带来的不良影响已成为现实。经济增长的主要因素有劳动力、资本积累、技术进步。人口减少导致日本的国内市场萎缩被认为已经无法避免。

劳动力供给已接近极限

🔵 人口减少导致人手不足已成为日本的严重问题

生育年龄人口（15 岁~64 岁）从 1995 年顶峰时的 8616 万开始逐年减少；据说到 2030 年，会减少到 6337 万，到 2060 年则会减少到 4418 万。

近年来，由于ICT快速发展，人们对经济增长的期待不断提高。因为IoT（Internet of Things，物联网）、大数据、AI（人工智能）等新潮流给企业和社会带来了创新。科技创新实现了业务效率提高，即使不增加劳动投入也可以提高生产率。因此，经济正在朝着创造新的高附加值方面迈进。

ICT、大数据和 IoT 是经济增长的关键

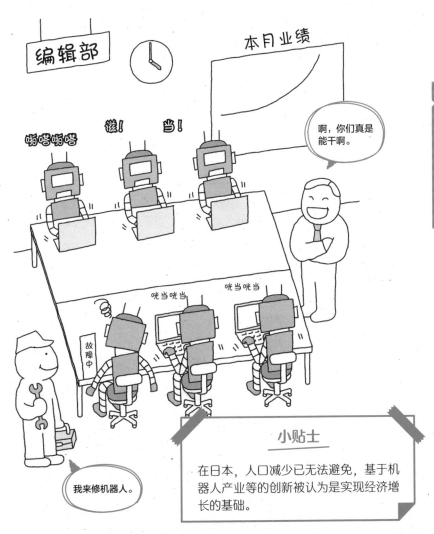

本月业绩

编辑部

啪嗒啪嗒　滋！　当！

啊，你们真是能干啊。

咣当咣当　咣当咣当

故障中

我来修机器人。

小贴士

在日本，人口减少已无法避免，基于机器人产业等的创新被认为是实现经济增长的基础。

专栏 04

经济的陷阱

——合成谬误是什么？

经济学上有一个叫作"合成谬误"的概念。它指的是，对局部而言是合理、正确的行为，在总体上会导致错误的结果。例如，节俭被认为是正确的行为，那么当所有人都节俭时，会发生什么呢？它就是，市场上会没有消费，国家的经济就会破产。节俭对个人而言也许是正确的，但对整个社会而言是不可取的。

也就是说，在微观上谋求利益最大化的行为，在宏观上却无法取得整体利益最大化。

合成谬误也适用于日本的少子化问题。为减少家庭支出，单个家庭控制孩子的数量是正确的做法。但是，从国家的角度来看，少子化是导致经济恶化的主要原因。从学习经济学的角度来看，我们在分析事物时始终保持以上两种观点是十分重要的。

关于金钱与金融的
经济学

"金融"这个名词，给人一种很难理解的感
觉，但它可以说是理解经济学所必须理解的
名词。本章以通俗易懂的语言对"金融"这
个名词进行讲解。

经济学 5

01

在经济生活中，金钱是不可或缺的存在

我们每天都会接触到的金钱，在我们的社会中扮演着什么样的角色呢？如果社会上没有了金钱的存在，会发生什么呢？

不论是有意还是无意，我们在日常生活中都会用到钱。即使一个人的财产由土地、房屋、绘画作品、黄金、贵金属、有价证券等各种形式构成，他也需要钱。无论是作为劳动报酬的工资，还是购买西服、汽车的费用，以及去海外旅游的开销，这个世界上所有的商品和服务的价值，都可以用金钱（货币）来衡量。

货币是衡量商品和服务价值的尺度

社会上如果不存在货币，会变成什么样子呢？那就是，交易变得难以进行。假设你想得到苹果，并且手头有一块肉。这时，你必须寻找到一个手头有苹果，但同时想得到肉的人。只有这样，你才有可能得到苹果。货币的作用就是解决这样的问题，在现代它是不可或缺的存在。

经济学5

02 金融是什么?

¥

金融机构使货币的存在更有意义，给整个经济社会带来利润。它是连接个人和企业的重要桥梁。

货币只有流入社会各行各业，才能发挥它的作用。也就是说，社会发展的模式是，货币从多的地方向少或没的地方流动。这时，使货币具有流动功能的是金融机构，所谓金融，就是指调整货币的需求和供给的经济活动。

因为有金融机构，货币才会流动

● 金融的存在产生了货币的流动

金融是指调整货币的需求和供给的经济活动，金融机构的作用是使货币产生流动。

金融机构是将贷款人和借款人连接起来，使货币发生连锁流动的专业机构。另外，通过银行进行反复贷款，整体上会创造出比最初收到的存款金额多出好几倍的货币存款，这被称为信用创造。

金融机构的信用创造指的是什么？

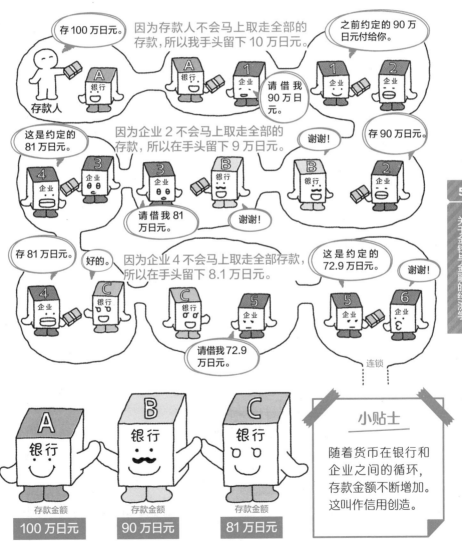

107

经济学 5

03 日本银行是一家怎样的银行？

日本人都知道日本银行，但是好像都不了解日本银行是做什么的。本节对它的三个代表性的功能进行讲解。

¥

日本人经常听说"日银"，也就是日本银行的名字，但是你知道它具体是做什么的吗？日本银行是日本的中央银行（政策性银行），主要有三个代表性功能。其一，发行功能。拥有垄断发行日本货币的权力，并且，为了稳定货币，还承担着调节国家货币流通总量的作用。

日本银行的功能指的是什么？

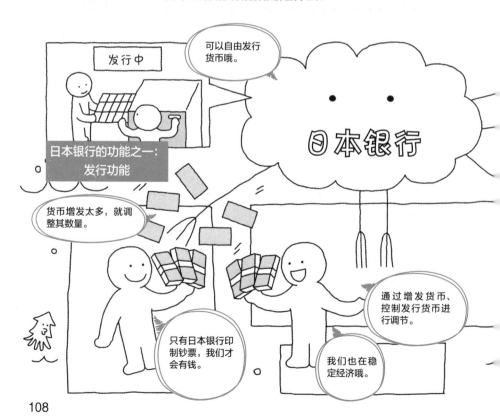

其二，银行功能，即从一般金融机构获得存款或向它们提供贷款，以及进行金融机构之间票据交换的转账结算。其三，政府银行的功能。日本银行是根据《日本银行法》设立的特殊法人，具有独立于政府的形式。因此，它也管理政府的资金，包括政府征收的税金和通过发行国债从国民那里筹集的资金等。

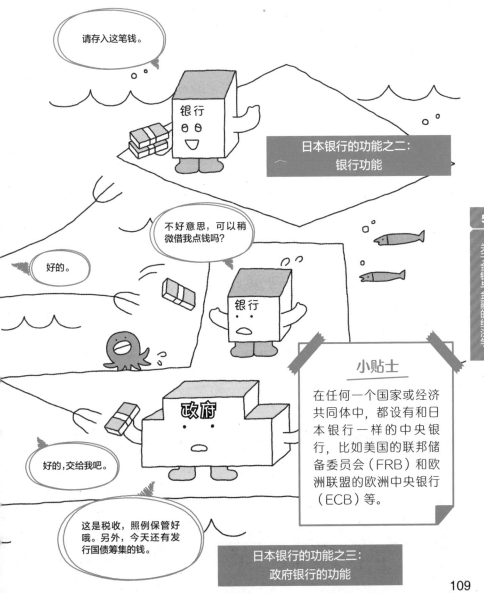

经济学 5

04 什么是中央银行贴现率？

¥

日本银行的重要作用之一，是在了解经济状况的同时，通过控制货币的价值和总量，调整经济的整体平衡。

通过上一节我们已经了解到，日本银行的功能之一是调节社会上流通的货币总量，保持货币的稳定。操控法定利率是与之相关的代表性功能。法定利率是指日本银行向普通金融机构提供贷款时的利率。（2006年8月以后更名，现在分别称为基准贴现率及基准贷款利率。）

中央银行法定利率是稳定货币的手段之一

经济形势好的时候，从银行借款进行投资的企业就会增加。一旦经济过热，物价就会上涨，就有可能发生通货膨胀。日本银行在这种情况下会提高基准贴现率，目的是提高企业借款时的利率。这种做法叫作货币紧缩。相反，如果经济不景气加剧，日本银行会降低利率，增加市场上流通的货币总量。这种做法叫作货币宽松。

日本银行把握着经济稳定和城市银行发挥功能的关键

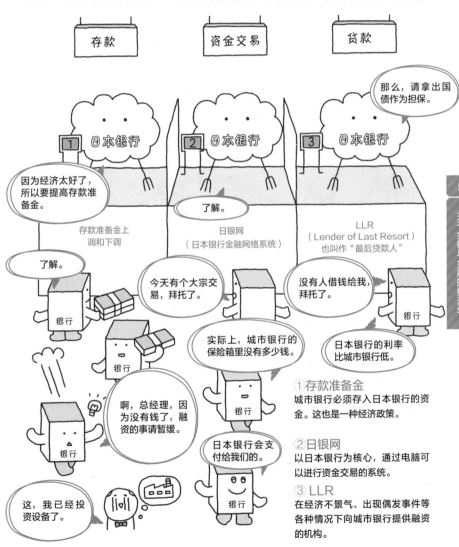

①存款准备金
城市银行必须存入日本银行的资金。这也是一种经济政策。

②日银网
以日本银行为核心，通过电脑可以进行资金交易的系统。

③LLR
在经济不景气、出现偶发事件等各种情况下向城市银行提供融资的机构。

经济学 5

05 什么是日本银行的政策?

经济稳定对国家来说是非常重要的。日本银行的政策与政府实行的财政政策不同，本节就日本银行独立实施的金融政策进行讲解。

所谓金融政策，是指日本银行为了保持经济稳定而实施的政策。有别于政府主导的财政政策。作为经济社会的原则，发行货币过少会导致经济活力不足，发行货币过多会导致经济过热，从而出现一些弊端。上一节所述控制贴现率是金融政策的一大支柱。但是，自从金融自由化后，其直接效果逐渐消失。

通过"出售操作"和"购买操作"调整货币量

出售操作　　指日本银行向城市银行出售国债等的行为。卖掉国债后，钱向日本银行流动，国内流通的货币量会减少。

在日本，存在一种被称为公开市场操作的调节货币流通量的方法。当经济繁荣时，日本银行将国债等出售给商业银行（出售操作），以吸收社会上的货币；当经济不景气时，通过购回国债等（买入操作）向社会提供货币。另外，还有一种政策（调整存款准备金率），通过提高或降低商业银行在日本银行的存款准备金率，来调整民间各银行向企业提供的贷款货币量。

购买操作　　　日本银行从城市银行购买国债，因为货币流向城市银行，所以日本国内流通的货币量增加。

经济学 5

06 什么是信用危机?

要维持一个健全的经济社会，就必须保持金融机构的信用。为此，为防止万一，人们建立了多个预防机制。

经济活动的大原则是，大家都信任金融机构。如果有一天你的全部存款都不能从银行提取出来，你该怎么办呢？当然，你一定想把自己所有的存款都取出来。一家金融机构经营失败，会对整个金融系统产生不良影响，甚至会使其陷入非常不稳定的状态。为了防止出现这种信用危机，人们在实践中建立了多个预防机制。

一家金融机构经营失败，会给整个金融系统带来不良影响

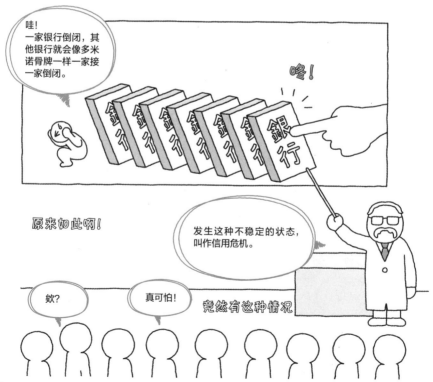

为了保护存款者，日本建立了一家存款保险机构。当存款人因银行倒闭而不能提取存款时，这家机构能够代替银行承担起支付存款的责任。并且，日本还建立了清偿制度，存款保险机构最高可以返还单个存款人1000万日元的本金及其利息部分。另外，金融厅也负有对金融机构进行审查的职责，通过审查金融机构的实际业务状态和风险管理状况等是否健全来维护信用秩序。

保护存款人，消除信用危机的系统

经济学 5

07 金融危机中会发生什么（一）

¥

随着需求不断增加，物价整体持续上涨，这种现象就是通货膨胀。虽然它是由经济景气所引起的现象之一，但是如果任其不断发展……

经济景气，人们对商品和服务的需求就会增加，由此会引起物价上涨。如果企业销售额、家庭支出和收入都增加，经济就会过热。现代经济学把这种物价整体持续上涨的现象叫作通货膨胀。当通货膨胀率每年以1%~2%的速度缓慢增长时，消费者的购买欲望会增加。这种情形被认为经济在健康增长，处在理想的状态。

需求增加引起通货膨胀

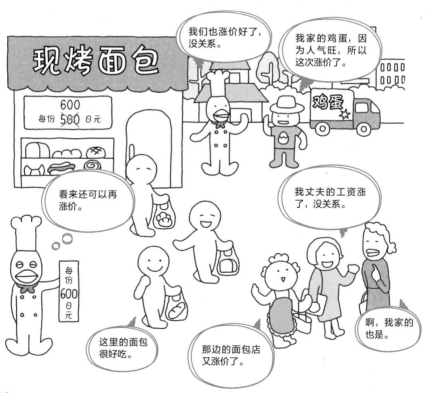

超出限度的通货膨胀会引起连锁不良反应。比如说，如果原来1万日元能买到的商品，变成不拿出2万日元就无法买到，那么钱的使用价值就减半了。物价急剧上涨对经济来说是沉重的打击。通货膨胀导致银行存款的使用价值减少，让大家都知道钱不值钱了。结果因货币贬值，经济陷入不景气的状态。这种状态持续下去，就会引发金融危机。

从通货膨胀到经济不景气

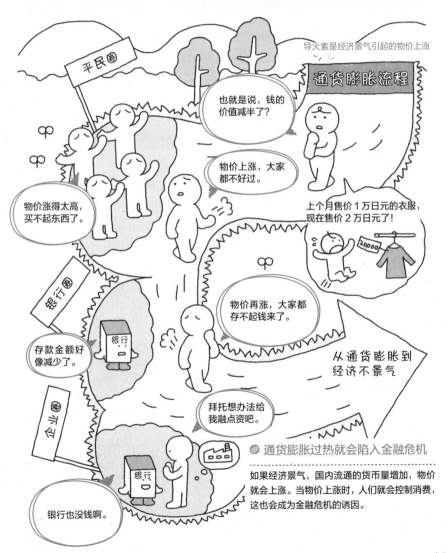

导火素是经济景气引起的物价上涨

通货膨胀流程

也就是说，钱的价值减半了？

物价上涨，大家都不好过。

物价涨得太高，买不起东西了。

平民圈

上个月售价1万日元的衣服，现在售价2万日元了！

20000

银行圈

存款金额好像减少了。

物价再涨，大家都存起钱来了。

银行

从通货膨胀到经济不景气

企业圈

拜托想办法给我融点资吧。

银行

银行也没钱啊。

● 通货膨胀过热就会陷入金融危机

如果经济景气，国内流通的货币量增加，物价就会上涨。当物价上涨时，人们就会控制消费，这也会成为金融危机的诱因。

117

经济学 5

08 金融危机中会发生什么（二）

¥

与通货膨胀相反，物价持续下降的现象叫作通货紧缩。它对经济社会的不良影响很大，摆脱起来并不容易。

通货紧缩是指商品价格持续下跌的现象，从需求和供给的平衡角度而言，被认为是供给过剩引起的。导致通货紧缩的原因，简单来说就是"商品卖不出去"。一旦商品卖不出去，企业就会降低价格，这样企业的利润就会减少，总体上员工的工资也会下降。

可以认为通货紧缩是由多个原因导致的

如果产品卖不出去，物价就会不断下降，企业的收益就会恶化。受其影响，企业员工不但收入会减少，而且有可能被解雇。这种负面现象引起连锁反应，导致物价持续下降。这被称为螺旋式通货紧缩。通货紧缩一旦发生，就无法迅速遏制。

螺旋式通货紧缩持续发展

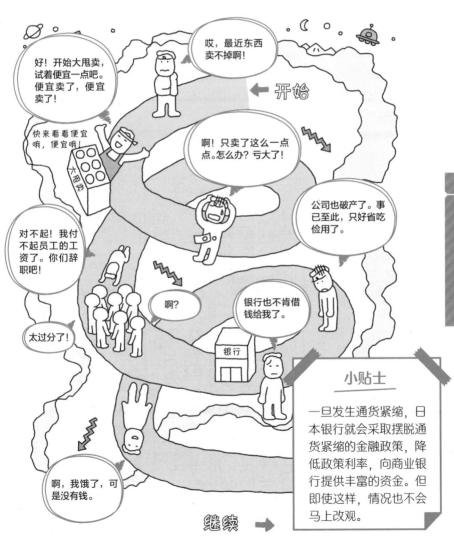

119

经济学 5

09 通货膨胀是令人烦恼的吗?

通货膨胀在经济景气时会发生，在经济不景气时也会发生。从经济学的观点来看，缓慢的通货膨胀是最理想的。

日本经济在20世纪70年代的石油危机爆发时，经历了年物价上涨超过20%的通货膨胀；进入90年代后，物价水平下降，出现通货紧缩趋势。前文已提到，因需求量增加而导致供不应求状况下产生的通货膨胀（通货膨胀率为1%~2%），会在经济景气时发生，这样的通货膨胀被认为是良性通货膨胀。然而，**尽管日本银行把实现2%左右的通货膨胀率作为政策目标，但仍难实现良性通货膨胀这种理想状态。**

良性通货膨胀和恶性通货膨胀

良性通货膨胀

经济活跃，处于需求超过供给的状态。物价虽在上涨，但人们的收入也在上升，所以在经济上是理想的状态。

小贴士

实际上，经济从不景气恢复到正常的过程中，经常发生通货膨胀。因而也可以说，通货膨胀是经济健康发展的见证。

在经济不景气时，因工资和原材料费等成本上升而出现的通货膨胀，被认为是恶性通货膨胀。随着通货膨胀加速，当月通货膨胀率以超过50%的速度急速上升而出现超级通货膨胀时，这样的通货膨胀被认为是扰乱经济活动的典型恶性通货膨胀。不论如何，稳定物价是经济政策的目标之一，谁也不希望发生价格剧烈变动的不稳定的通货膨胀。

简而言之，通货膨胀也有各种类别

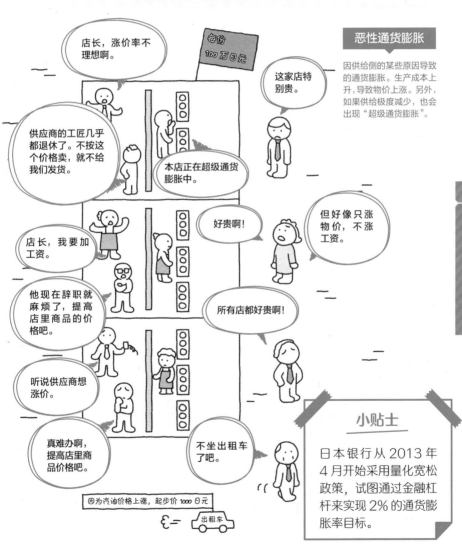

经济学 5

10 什么是泡沫经济？

¥

日本的泡沫经济以日本银行主导的中央银行下调贴现率为开端。在市场出现不断盲目投资土地和股票后，政府的对策是……

　　1985年9月，根据《广场协议》，原本240日元才能兑换1美元，两年半后变为120日元就能兑换1美元。日本很快就陷入因日元升值而导致的经济衰退中。担心事态发展的日本银行连续5次下调中央银行贴现率，将其降至最低水平。然而，由于流向社会的资金过剩，从金融机构获得低息贷款的企业就将剩余资金用于理财，这是产生泡沫经济的主要原因。

泡沫经济始末

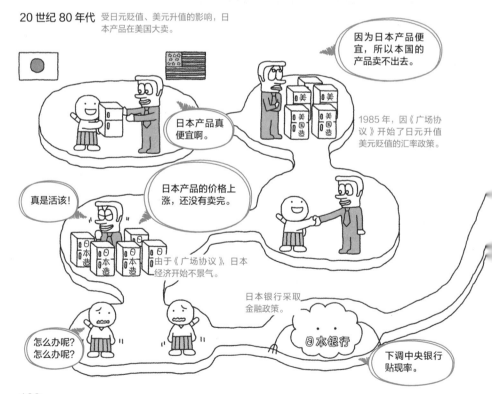

20 世纪 80 年代 受日元贬值、美元升值的影响，日本产品在美国大卖。

因为日本产品便宜，所以本国的产品卖不出去。

日本产品真便宜啊。

1985 年，因《广场协议》开始了日元升值美元贬值的汇率政策。

真是活该！

日本产品的价格上涨，还没有卖完。

由于《广场协议》，日本经济开始不景气。

日本银行采取金融政策。

怎么办呢？怎么办呢？

日本银行

下调中央银行贴现率

金融市场备受关注，随后因土地需求上涨而引发地价暴涨，波及全国的住宅用地。于是，企业和个人都开始投资土地、股票和艺术品等资产，并且以这些资产为担保进行借款，然后再投资。这种盲目投资潮在日本蔓延了开来。这种现象不断膨胀就发生了泡沫经济，人们被没有实体经济支撑的经济繁荣迷惑了。第二年，泡沫开始破灭，经济走向崩溃。

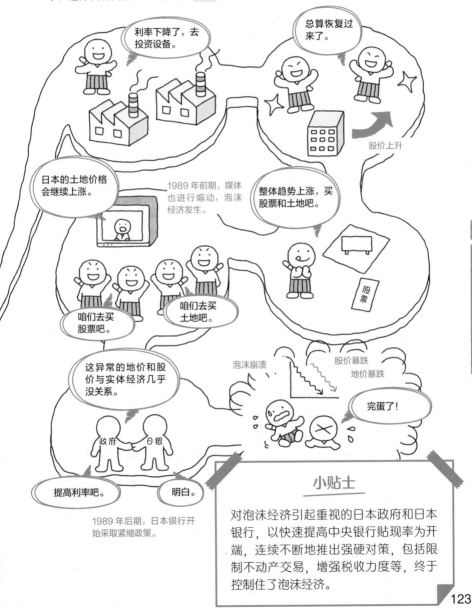

123

经济学 5

11

日本为什么发生了 通货紧缩?

¥

作为泡沫经济崩溃的后遗症，日本发生了通货紧缩，这是导致日本经济发展停滞的原因之一。另外，日元升值和少子化、老龄化等经济和社会问题也不容忽视。

日本经济长期饱受"通货紧缩"折磨，难以从泥潭中脱身。简单而言，通货紧缩的原因在于"东西卖不出去"。东西卖不出去，商家为了吸引消费者，就不得不降价。由此，商家的利润下降，规模缩减，其采购的原材料也必然减少。这种负面的连锁反应带来的就是经济衰退。

目前尚不明确日本的通货紧缩连锁反应会持续到什么时候

● 日本泡沫经济崩溃后，通货紧缩在持续

工作获得的薪资减少后，企业和个人的资产都会因发生连锁反应而减少。现在的日本正处于这样的旋涡当中。

物价下降时，企业仍想方设法谋求盈利。由此，员工的工资就很难上涨。当赚钱变得困难时，人们就会产生"不花钱，把钱存起来"的想法。在这种情况下，企业也一样，不进行投资，而是进行储蓄。这样一来，新的商业活动就不会出现。正因如此，日本政府出台了各种对策，以阻止通货紧缩带来的经济衰退。

解决通货紧缩带来的经济衰退问题应清除障碍

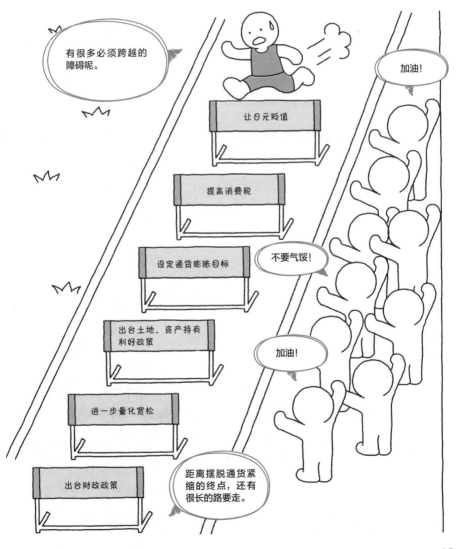

经济学 5

12 从今天的角度来看，究竟什么是所谓的安倍经济学？

因为对经济增长充满期待，所以安倍经济学成为人们讨论的话题。安倍经济学作为基于经济学理论的政策，受到了有识之士的关注，但是……

　　最重视经济政策的日本安倍内阁提出了以大胆宽松的货币政策、灵活机动的财政政策、增长战略为核心的"三支箭"理论。这些是安倍经济学的主要策略。事实上，安倍经济学被认为是通过经济学理论实施的政策。并且，其目的在于实现经济增长，即扩大GDP。因此，安倍内阁在财政政策上提出了政府发展公共事业及减税的措施，在金融政策上提出了由日本银行收购国债的措施。

安倍经济学政策提出的通货紧缩解决方案

宽松的货币政策是指，中央银行通过降低利率，使居民和企业更容易借钱的政策。利率下降，使筹措资金变得相对容易，如消费者更容易办理按揭购房，企业也更容易进行项目投资。因此，人们开始进行消费，经济也会繁荣。

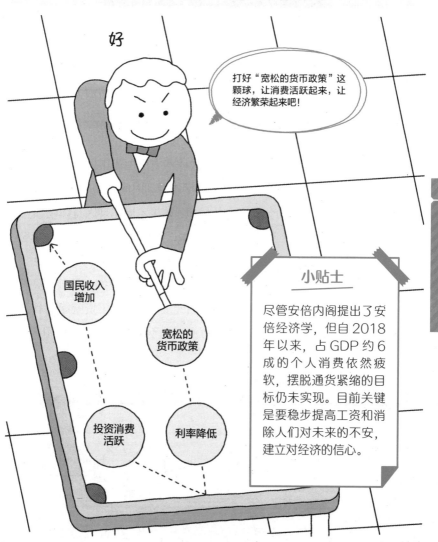

宽松的货币政策下的通货膨胀目标政策

专栏 05

长时间劳动
有其经济上的合理性

  日本人的年平均劳动时间在1970年时就已经超过2000小时，现在已经减为1800小时左右。从数据上看，这与欧美各国没有大的差别，日本人的平均劳动时间并不比这些国家的人多。但是，日本人的平均劳动时间减少是因为兼职等非正式雇用的人的比例增加，或者存在"义务加班"这种不支付加班工资的劳动时间。所以，不能简单地认为日本人的平均劳动时间减少了。

  另外，过度劳动会损害身体健康，如果不断出现因身体受损而无法劳动的人，就会对日本经济整体产生影响。

  只是，根据经济学的观点，无论是在劳动者一方，还是在企业一方，长时间劳动确实有其经济上的合理性。比如，到手工资为20万日元的工人如果能拿到4万日元加班费，其工资就能提高20%。相反，企业因经济不景气等原因而不得不降低人工费用，如果不进行裁员，只是削减加班费，就可以降低20%的成本。

全球化经济结构

最近，我们经常听到一个词叫作"全球化"。本章用通俗易懂的方式，就这个词与经济学的关联性进行说明。

经济学 6

01 没有贸易，我们的生活就无法立足

贸易可以说是日本经济的核心，除了提供日常生活所必需的食物外，还作为支撑产业基础的重要流通线发挥着作用。

对日本来说，相对于国民总数，包括粮食在内的所有天然资源全都处于匮乏状态，因此与各国进行贸易对经济发展而言是必要的。没有贸易，可以说我们目前的生活是难以为继的。一旦食品进口完全停止，我们的生活就会变为连吃饱肚子都成问题。或者，一旦出口停止，工业品出口产业就会受到巨大打击，日本的经济就会陷入低迷。

贸易就是每个国家就其擅长的产品进行投接球

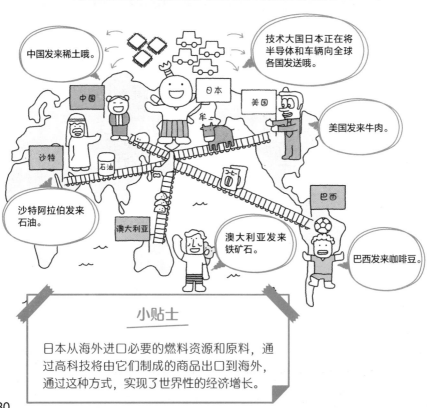

中国发来稀土哦。

技术大国日本正在将半导体和车辆向全球各国发送哦。

美国发来牛肉。

沙特阿拉伯发来石油。

澳大利亚发来铁矿石。

巴西发来咖啡豆。

中国　日本　美国

沙特　石油

澳大利亚　巴西

小贴士

日本从海外进口必要的燃料资源和原料，通过高科技将由它们制成的商品出口到海外，通过这种方式，实现了世界性的经济增长。

在这里，对贸易给社会带来的好处做些说明。我们不妨比较一下某种商品在进行国际贸易前后的供需关系。通常的情况是，随着国际贸易的进行，该商品的流通量增加，价格下降。由此一方面导致国内生产者与外国生产者展开产品竞争，另一方面，消费者可以买到更便宜的商品。贸易对整个社会都产生了正面影响。

因进口产生的新市场

●只经营国内商品的高价商店

●同时经营许多进口商品的低价商店

蔬菜店

YAOYA

日本产生菜
298 日元

进口生菜
198 日元

无法和外国的大批量生产相竞争啊。

喂，就不能想办法比进口价便宜点吗？我要倒闭了。

进口的在美国广阔的土地上种植的生菜，一棵只要198日元，便宜卖哦!

生产者

有好多外国产的便宜蔬菜和水果呢。

也给我一棵。

价格不能再降了。

叔叔，给我一棵生菜。

熙熙攘攘

人声鼎沸

🔘 经营国内商品的经营者由于进口商品而成为弱势群体

对消费者来说，能以便宜的价格买到进口商品是很有吸引力的。但是，另一方面，国内商品的生产者和销售者会受到很大打击。

02 什么是贸易的基本思考方式？

为了在贸易中提高利润，考虑与其他国家的相对劳动生产率，生产对本国来说效率高的商品是上策。

每个国家和每家企业都会将自己拥有优势的商品出口。这就是英国古典派经济学家李嘉图提出的比较优势原理。举个例子，假设日本和加拿大都培植苹果和葡萄，但在加拿大这两种水果的产量都比日本高。

什么是比较优势原理？

与对方相比自己更优秀，这在经济学上被称为绝对优势。

也就是说，在产量方面，加拿大处于绝对优势。但是，如果两国的相对劳动生产率不同呢？比如说，如果减产1个单位的苹果，那么可以增产多少单位的葡萄呢？在这方面，加拿大的葡萄产量比日本多。相反地，如果减产1个单位的葡萄，日本的苹果产量就比加拿大多。如此一来，可知加拿大在出产葡萄上有比较优势，日本在出产苹果上有比较优势。

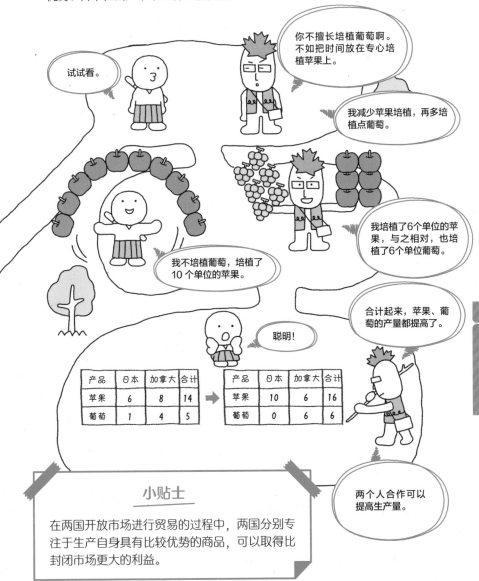

小贴士

在两国开放市场进行贸易的过程中，两国分别专注于生产自身具有比较优势的商品，可以取得比封闭市场更大的利益。

经济学 6

03

进行贸易时，主要使用的货币是什么？

在世界范围内的商业贸易中所使用的核心货币，是其发行国在经济和军事上被认可为大国的证明。那么，现在使用的核心货币是哪个国家的货币呢？

关键货币是指在世界金融交易和贸易往来中使用的核心货币。追溯其变迁史可知，从19世纪中叶到20世纪初，英镑是关键货币；第二次世界大战后，美元成为压倒性地被广泛使用的货币。这是因为美国作为经济和军事大国的地位得到世界承认，也就标志着美元稳定地成为关键货币。

使用关键货币的流程

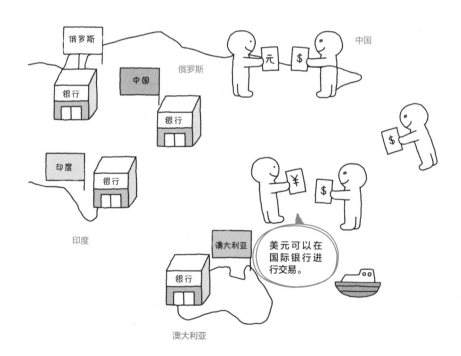

俄罗斯

中国

元 $

俄罗斯

中国

银行

银行

$

印度

银行

¥ $

印度

澳大利亚

银行

美元可以在国际银行进行交易。

澳大利亚

关键货币有三个作用。首先是用于国际贸易和资本交易，其次是作为各国货币的价值标准，最后是作为各国持有的对外储备资产。关键货币不是通过协商决定的，而是符合"政治、经济稳定""存在发达的金融、资本市场""对外交易不受限制"等条件的国家的货币。

小贴士

现在美元不仅是美国国内的流通货币，也在国际货币交易中作为交换货币被使用，并且，在国际宏观经济中也担负着稳定汇率和物价的作用。

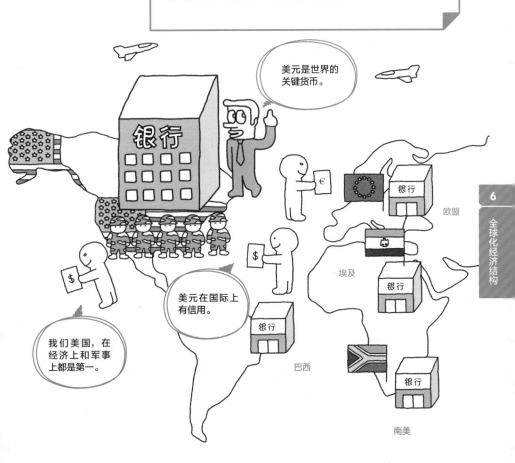

经济学 6

04

日本的贸易运行顺利吗？

一个国家的企业和个人在一定时期内与其他国家之间发生的收入和支出就是国际收支。近年来，日本的经常性往来收支赤字成为人们谈论的焦点……

在海外经贸中，日本将整体统计的数据称为国际收支。它大致分为两类。一类是经常性往来收支，由贸易和服务的进出口构成。另一类是资本往来收支，指股票、债券、不动产等交易的收支。经常性往来收支又分为贸易收支、服务收支、所得收支等，而资本往来收支主要由直接投资和证券投资等投资性收支构成。

国际收支与公司的决算相类似

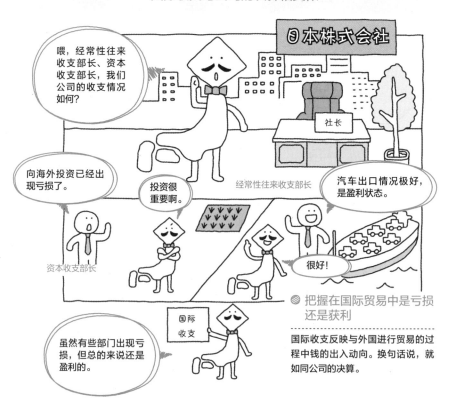

● 把握在国际贸易中是亏损还是获利

国际收支反映与外国进行贸易的过程中钱的出入动向。换句话说，就如同公司的决算。

自2011年以来，日本持续出现贸易赤字（相比出口，进口更多），只是在2016年和2017年出现盈余。在资本收支方面，与日本热衷于对海外进行股票、债券、房地产等投资相反，海外对日本的投资很少，由此日本出现大面积赤字。也就是说，在投资等方面，从日本出去的钱（支出）比进入日本的钱（收入）多。

最近几年，日本贸易收支持续出现赤字

05 美国的贸易运行顺利吗?

事实上,美国长期处于贸易逆差状态,其经济靠不平衡的资本流入支撑着。那么,美国的实际情况究竟如何呢?

有些人可能感到意外的是,美国作为世界第一的经济大国,竟然已多年处于贸易逆差状态。也就是说,比起出口,美国的进口更多,在2017年一度达到其9年来的最高水平。那么,美国的经济至今为什么还能保持正常呢? 这是因为它有巨大的海外资本流入支撑着。当然,这种状况下的美国经济是不健康的。

即使出现贸易赤字,美国经济也不破产的理由

美国的贸易顺差到20世纪80年代初就结束了。也就是说，如今的美国是一个通过借款维持消费且时长超过30年的国家，在某种意义上可以说，美国是凭着借款生存的国家。因为贸易长期处于逆差状态，其经济总给人一种十分严峻的印象。但是，美国的经济到现在还在持续增长。日本是如今世界上持有美国国债很多的国家之一，但实际上日本可使用的钱并没有增加。

一分钟就能理解的"次贷问题"

以次贷问题为导火线，2008年发生了雷曼事件。破产的雷曼兄弟公司的负债总额为6130亿美元。美国经济陷入混乱，国内消费低迷。但是，由于国内消费低迷，所以美国当年的贸易赤字缩小了。

经济学 6

06 什么是日元升值和日元贬值？

我们经常能听到日元对美元的汇率。即使只是上下几日元的快速变化，国家和企业的经济状况也会产生很大动荡。

　　每天只要看新闻，你就会发现其关于日元对美元汇率的报道。即使不熟悉经济的人，也一定听过"日元升值"和"日元贬值"这两个词组。现在，我们来思考一下它们各自的优点和缺点。

　　日元升值的最大优点是，可以廉价地购买进口商品和服务，进口商购买进口商品的费用会变低。从个人日常生活方面来看，因为日元升值，所以我们可以便宜地兑换到外国货币，去海外旅行也就很划算。

日元升值、日元贬值的优点和缺点

日元升值时，受影响严重的是日本国内的出口企业。 因为，如果以外国货币（主要是美元）计算的商品售价没有变化，折算成相应的日元收益就减少了。因而，日元升值时，在进口原材料时就有优势，在出口商品时就会受到损失。并且，一旦日元升值加剧，为了控制生产成本而将生产场所转移到海外的企业就会增加。

141

经济学6

07 什么是经济一体化?

超越国家的界限以实现经济开放和市场一体化为目标的进程正在加速推进。那么,其中有哪些优点和缺点呢?

所谓**经济一体化**,就是取消国家之间进行贸易时的关税、管制、投资和人员流动等相关限制,在相互合作的基础上建立地域性经济圈。例如,以**货币一体化**进入我们视野、在1993年成立的欧盟,就以欧洲各国的政治、经济联盟为目标。它在1999年推出欧元这一通用货币后,欧洲经济开始被激活。

欧洲是经济一体化的先驱

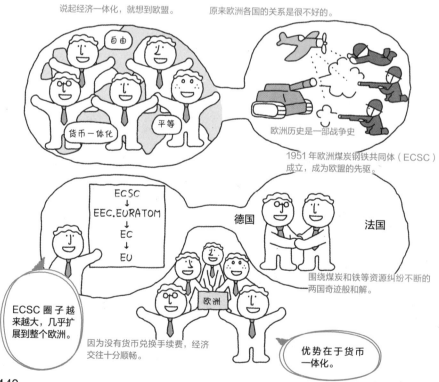

说起经济一体化,就想到欧盟。

原来欧洲各国的关系是很不好的。

自由

货币一体化

平等

欧洲历史是一部战争史

1951年欧洲煤炭钢铁共同体(ECSC)成立,成为欧盟的先驱。

ECSC
↓
EEC.EURATOM
↓
EC
↓
EU

德国

法国

围绕煤炭和铁等资源纠纷不断的两国奇迹般和解。

ECSC圈子越来越大,几乎扩展到整个欧洲。

欧洲

因为没有货币兑换手续费,经济交往十分顺畅。

优势在于货币一体化。

但是，经济一体化既有优点，也存在缺点。由于在统一地区内使用相同的货币，所以无法制定适合各国经济状况的个别金融政策（经济对策）。另外，像近年来出现的希腊经济危机一样，有时一个国家的不景气会给其他国家带来不良影响。

缺点是不良影响会一下子扩大

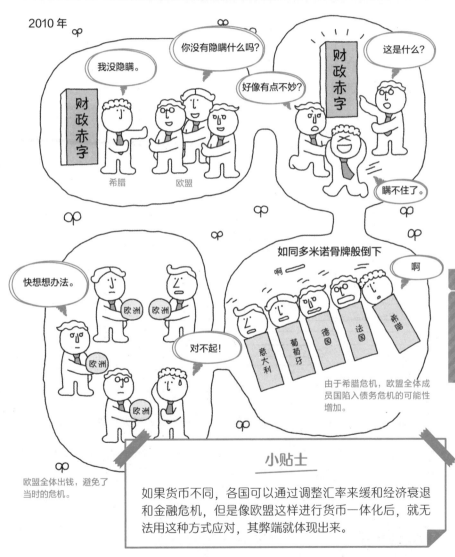

由于希腊危机，欧盟全体成员国陷入债务危机的可能性增加。

欧盟全体出钱，避免了当时的危机。

小贴士

如果货币不同，各国可以通过调整汇率来缓和经济衰退和金融危机，但是像欧盟这样进行货币一体化后，就无法用这种方式应对，其弊端就体现出来。

经济学 6

08

TPP 也是全球化的一环

日本为了拥有与各国交易时的有利条件，决定参加 TPP（《跨太平洋伙伴关系协定》），但是在这个过程中，有些产业受到了巨大的打击。你知道吗？

现在，日本的主要贸易对象按顺序排分别是中国、东盟、美国、欧盟。日本虽然与东盟签订了FTA（《自由贸易协定》）、EPA（《经济合作协定》），但是还不够，彼此之间还不能进行自由贸易。顺便说一下，作为日本工业品出口竞争国的韩国，已经与美国、欧盟签署了FTA和EPA。

日本在 FTA 和 EPA 的立场

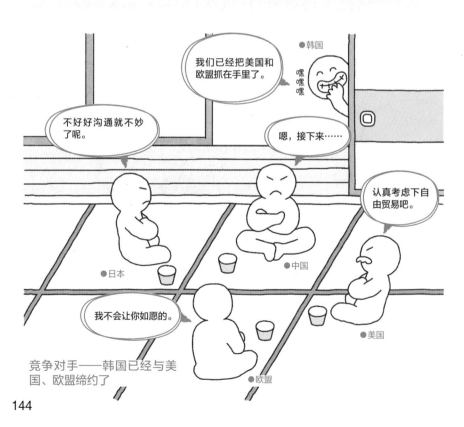

竞争对手——韩国已经与美国、欧盟缔约了

与韩国相比，日本不得不采用不利于贸易的关税率。其中备受关注的是TPP。TPP约定，参加国必须免除95%贸易项目的关税。当然，如果参加TPP，出口增长是可以期待的。但是随着来自各国的廉价商品涌入，以大米为代表的日本农业存在遭受巨大打击的风险。

TPP 是世界首屈一指的自由贸易圈

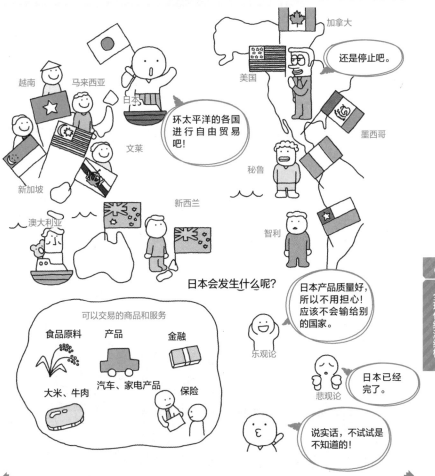

小贴士 2017 年 1 月，时任美国总统特朗普签署了退出 TPP 的行政命令。TPP 的生效离不开美国的认可，美国退出后，TPP 也就没了着落。

09 WTO 是干什么的?

WTO（世界贸易组织）被称为世界贸易的管理人，是以推进贸易自由化为宗旨的国际组织。它是因对由外交关系恶化导致战争爆发的现象进行反思后而设立的。

第二次世界大战后，人们开始对主要经济国家垄断出口市场，导致外交关系恶化，并引发战争这一现象进行反思，于1947年开始缔结GATT（《关税及贸易总协定》）。GATT的宗旨是通过削减关税等来谋求贸易自由化。1995年，WTO以继承GATT这一形式成立，截至2017年，已有164个国家和地区加入这一组织。

WTO 是以贸易自由为宗旨的国际组织

GATT没有权力对违反协定的国家实施制裁。基于对这一点的反思，WTO被赋予了类似法院的制裁功能，以确立适用于贸易自由化的国际规则为宗旨继续运营。在WTO，众成员坐到一起，就贸易规则进行谈判。从2001年开始，虽然就农业问题、投资、服务等多个领域相关的规则进行了谈判，但是由于成员之间的隔阂日益加深，进展并不顺利。

WTO 也存在问题

小贴士

WTO 在市场准入（关税保护与减让、取消数量限制）、非歧视性（最惠国待遇、国民待遇）、互惠等基本原则下，使各成员进行公平的贸易活动。

WTO 的部长级会议决定必须全体成员达成一致，但目前存在发达国家和发展中国家秘密进行不平等交易的问题。

6

全球化经济结构

经济学6

10

贸易和地理的关系是怎样的?

分析经济学和地理学之间的关系,可以得出一些定律。一个国家的贸易也是如此,如果从理论上进行分析,也可以归纳出一些定律。

在经济学研究中,很早以前就盛行结合经济学和地理学的经济地理学。比如,某个国家的产业之所以特殊化,是因为其拥有优越的地理位置,从而拥有主导的贸易项目。世界各国所拥有的土地都有其不同的特点。所以,在经济学上我们必须考虑资产的流通和分布等所受地理因素的影响。

进行贸易不仅仅是因为存在比较优势

传统的贸易论认为,发生贸易的原因是因为存在比较优势。但是,20 世纪 80 年代以后,有人认为消费者不同的喜好也与贸易存在着密切的关系。

也有其他观点。比如，在钢铁产业中，更大规模的生产可以提高效率。因为像钢铁这样的重工业，需要的是对厂房和机械类进行大规模投资。由此，最先着手进行大规模投资的国家会在成本方面占据优势，后续的国家将很难追赶上。正因如此，最先着手的国家在钢铁出口方面会取得支配地位。

作为先发者，在成本上具有优势就能成为赢家

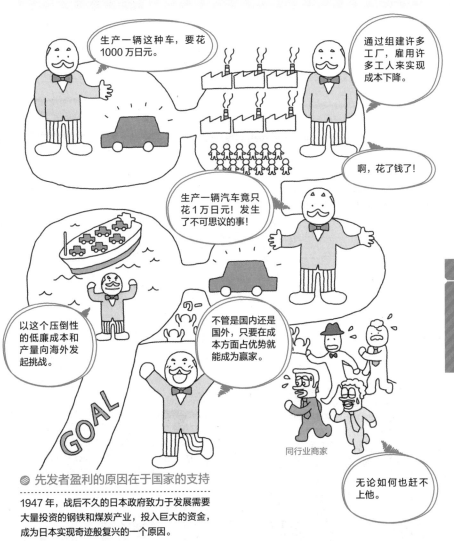

● 先发者盈利的原因在于国家的支持

1947 年，战后不久的日本政府致力于发展需要大量投资的钢铁和煤炭产业，投入巨大的资金，成为日本实现奇迹般复兴的一个原因。

6

全球化经济结构

149

什么是公平贸易?

公平贸易运动作为一个帮助贫困国家劳动者的运动，能在短时间内迅速扩张，离不开国际的持续合作。但是，要实现公平贸易，仍存在一些无法解决的问题。

公平贸易（Fair Trade）是指，将发展中国家生产的农作物和产品以合理的价格持续进行交易，从而帮助生产者持续提高生活质量的机制。传统型的国际合作和资金援助，有时会受制于援助对象的具体情况，存在缺乏连续性的问题。与此相对，公平贸易可以让消费者购买到自己喜欢的物品，是一种亲近式的国际合作模式。

贯彻持续良性循环的公平贸易

如果农民参与公平贸易，就可以保证其农产品的底价。与此相关，农民也会被要求遵从有关劳动条件和环境标准。根据这种规则，公平贸易可以抑制贫穷国家农民的收入随着市场价格的波动而波动。另外，公平贸易也有未解决的问题。现实中，还存在比农民更贫穷的既没有资产也没有土地的被临时雇用的劳动者。

通过制定合理的价格，在生产方面和教育方面等给发展中国家带来了许多好处。

151

专栏06

劳动力流动
国际化

　　日本的劳动力转移，在农业市场表现最为显著。1960—1975年，日本经济步入高速增长时期，但在这个时期专门从事农业劳作的人员从1310万减少到656万。其原因是，专门从事农业劳作的人为了追求高工资，都转行到成长明显的第二产业和第三产业就业了。

　　另外，劳动力流动也会跨越国境发生，即为了更高的工资，劳动力从工资低的国家向工资高的国家流动。此时，因为存在语言障碍、文化差异、政治和宗教的差异等，会产生各种各样的问题。这是劳动力流动国际化产生的负面作用。不过，与商品和金融在国际市场上扩张一样，只要采取不同的应对方式，劳动力流动国际化就能产生正面作用。

　　比如，在少子化、高龄化不断加深的国家，可以通过接收外国劳动力来满足本国劳动力需求，从而成为经济增长的支撑。现实中，作为全球化的一部分，东盟正在积极讨论有关劳动力流动的政策。

政治与经济的
关系是怎样的?

政治和经济乍一看好像没有关系,但实际上关系很深。本章对它们之间的关系进行分析。

经济学 7

01 政治左右经济的理由

在现实中，看不见的经济上升势头，多是政治引导的结果。如果我们从执政党和选民的关系的角度来看，那么能看出景气循环的幕后主使是谁吗？

政治和经济有着密切的关系。你知道"政治性景气循环论"吗？从一次选举结束到下一次选举开始的这段时间，会形成一定的景气循环周期。直截了当地说，在选举前，执政党通过经济增长来获得选民支持；在选举获胜后，态度一变，实行紧缩金融政策，使经济下滑；然后，在临近下一次选举时，再通过经济刺激政策，使经济出现繁荣。

选举前经济好转

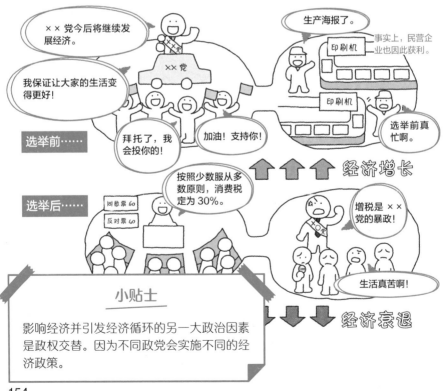

小贴士

影响经济并引发经济循环的另一大政治因素是政权交替。因为不同政党会实施不同的经济政策。

但是，政府通过经济刺激政策来促使经济繁荣的做法，必须取得民间经济主体的信赖。否则，不论政府如何扩大公共事业，如果民间投资和消费低迷，都会抵消经济刺激的效果。另外，为激发民间需求，采取给予意料之外的冲击等方式就变得格外重要。

出乎意料的金融政策反而会成功

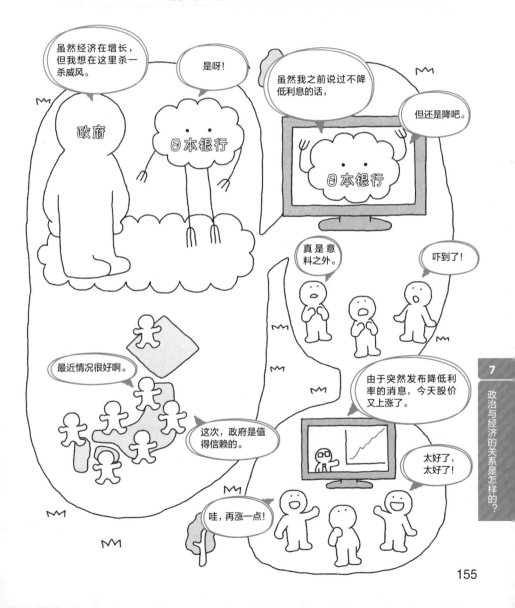

经济学 7

02 经济政策会迟滞吗？

即使政府为了改善和稳定经济采取对策，现实情况也不会马上好转。
出现这种情况的原因有很多。

政府为实施经济政策而采取行动，事实上会产生时间上的迟滞。这种**政策迟滞**的主要原因有三点。其一是认知迟滞，指某种经济状况已经发生，但政府认识这种状况的时间迟延。其二是实施迟滞，指政府虽然认识到启动政策的必要性，但到具体实施政策时仍要等上相当长的时间。其三是效果迟滞。

经济政策迟滞的原因

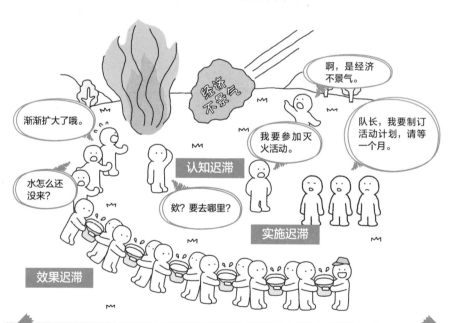

小贴士 在实施经济政策时，即使实施顺利，产生效果也需要时间。因为即使利率变动，企业的投资欲望和家庭的消费欲望也不会立即发生变化。

正确预测政策迟滞是非常困难的。于是有人认为：与其根据情况来制定裁量性政策，不如根据规则来运用政策。这就是"裁量和规则"的问题。为应对政策迟滞，凯恩斯认为，需要通过裁量进行积极的政策干预；与此相对，新古典派则重视规则的稳定性。两者都是为了尽量不产生时间上的迟滞。

到目前为止还没有答案的"裁量和规则"

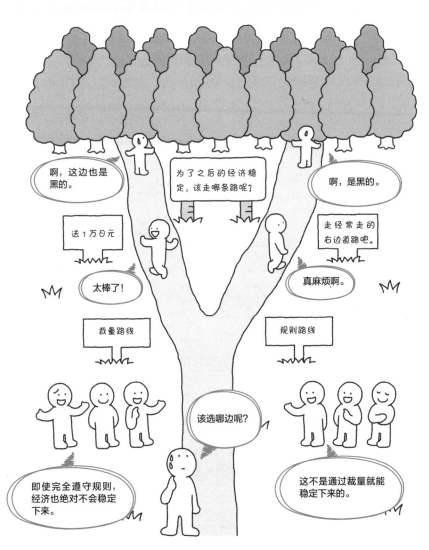

157

经济学 7

03 为什么会产生格差社会?

日本处在中产阶层的人已有 1 亿。然而，自泡沫经济破灭以来，人们即使再努力工作，生活也并不轻松。出现这种现象的原因之一就是产生恶性循环的法律。

　　所谓的格差社会，是指收入差距等已经大到通过个人努力再也难以缩小、出现阶层分化的社会。泡沫经济破灭后，随着通货紧缩日益严重，日本的经济状况发生了巨大变化。结果，出现了即使不停地努力工作，也无法摆脱贫困状况的工薪阶层。根据日本国税局的"民间工资实况统计调查"结果，与1997年的高峰期相比，2009年的民间平均年收入下降了约61万日元。

日本的格差社会的结构

据说，实施《劳动者派遣法》是导致日本形成格差社会的原因之一。从企业的角度来说，通过劳务派遣这种方式雇用员工比直接招录员工更合算；但另一方面，这种雇用员工的方式使得企业可以随意解雇员工，形成不稳定的用人业态。并且，由于竞争激烈，非法派遣行为层出不穷。为保护劳动者，人们要求取缔该部法律的呼声高涨。

小贴士

因《劳动者派遣法》的实施，劳务派遣行业在短时间内迅速成长。2000年，该行业规模达到1.7万亿日元，2005年达到4万亿日元；另外，创造了非正规雇用者这一新的阶层。

经济学 7

04 为什么要引入消费税？

为了弥补伴随着经济衰退而日益吃紧的国家预算，有必要改变目前的税收形态，消费税就是其中之一。

　　日本的税收大致分为两种。一种是直接税，是指个人或企业以所得税、法人税的形式交纳的税。另一种是间接税，是指消费商品和服务时，消费者间接支付的如酒税、烟税、消费税等税。在分析国家税收时，经常使用"直间比"这个词，以表示直接税和间接税的比例。2015年，日本国税的直间比约为6：4。

由直接税和间接税构成的税收

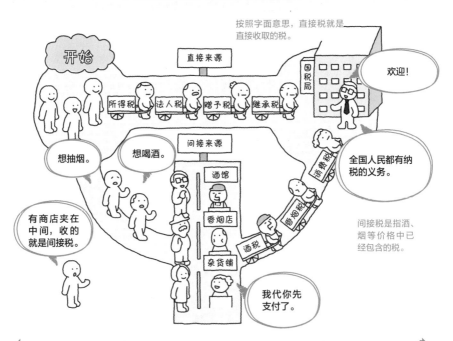

小贴士　现在，日本国税和地税合计直间比约为 7：3。其中，国税的直间比约为 6：4，间接税所占比例上升。

160

最近，日本经济增长放缓，伴随着少子化、老龄化等而来的劳动力减少的现象令人担忧。并且，随着劳动力减少，税收已出现骤减，但是，医疗费和福利费仍在激增。因此，国家预算越来越令人担忧。在这种状况下，消费税被引入。效仿欧洲的发达国家，消费税是一种间接税，作为产品价格的一部分的形式存在，最终由消费者承担。消费税很难被经济形势所左右，是政府稳定的财政收入。

为什么所得税不上涨，消费税却上涨了？

工作的人

年轻人 老人

支付所得税的人
在经济不景气的时候，征收的所得税会减少。

消费税不仅可以普遍征收，
而且不会被经济状况所左右！

试着听他怎么
解释。

消费税是稳定且平
等的税收制度。

原来如此！

将来能拿到养老金吗？

从前我们认为，领取养老金是理所当然的。随着时代和经济的变化，现在人们开始担心养老金制度会破产。这个现象背后反映了什么问题呢？

日本于1961年通过法律建立了全民养老金制度。随即，包括个体业者参保的国民养老金成为全体国民的基础养老金，全民养老金制度开始施行。另外，在日本还存在由民营企业的公司职员参保的厚生养老金、由公务员参保的互助养老金。从结构上来看，国民养老金处在第一梯队，厚生养老金和互助养老金处在第二梯队，完全由企业运营的私人养老金处在第三和第四梯队。

养老金制度的结构

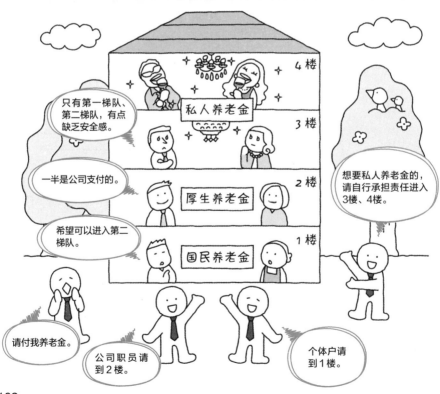

从日本养老金制度的运行状况可看出，其前途绝不光明。不仅如此，随着少子化、老龄化程度加剧，目前对养老金制度进行小修小补显然无法避免该制度走入绝境。事实上，以前领取养老金的起始年龄为60岁，现在领取养老金的起始年龄已经提高到65岁。因而，有人担心，今后领取养老金的起始年龄会继续提高。

养老金制度的不公平性开始蔓延

经济学7
06

调高开始支付养老金的年龄所引发的问题

原本到了 60 岁就开始向退休者支付养老金，现在养老金制度开始变动，日本政府调高了退休起始年龄。从这个现象可以预见，将来情况不容乐观。

从2013年4月开始，日本政府调高了厚生养老金的支付起始年龄。由于许多企业规定的退休年龄都是60岁，所以按照现行的《老年人就业稳定法》，即使老年人本人希望继续就业也无法实现。由此人们开始担心，社会上将出现很多既没有养老金也没有收入的人，并呼吁必须解决支付养老金和雇用之间的时间差问题。因此，新修订的《老年人就业稳定法》得以迅速出台。

60 岁仍需要工作的社会

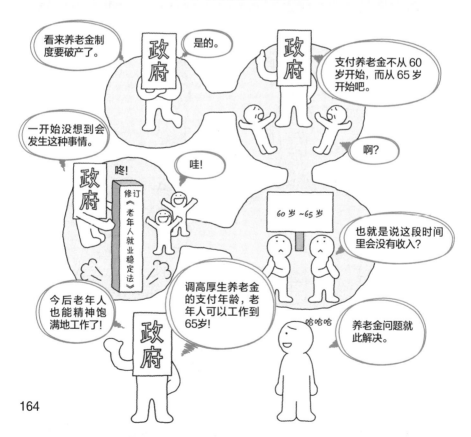

新修订的《老年人就业稳定法》的主要目的是确保老年人65岁以后也能被雇用。也就是说，要确保能扩大临近退休年龄的老年人的再就业范围。其用意是，通过这种方式，将不稳定的养老金制度问题转化为雇用老年人问题。另外，对违反规定的用人单位进行公示，并给出惩罚措施。不过，此修订法会导致非正式职员的工作岗位缩减等，因此招致的批评声音也不少。

《老年人就业稳定法》存在的问题

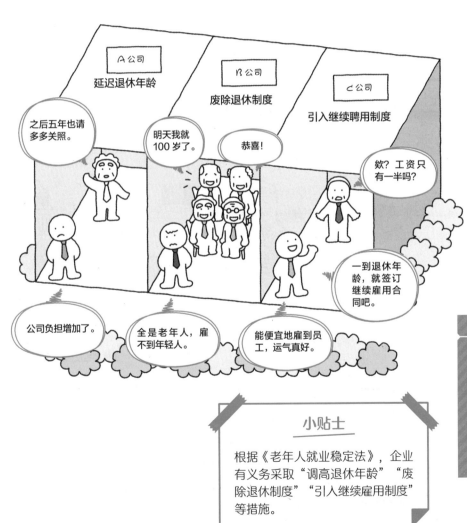

7

政治与经济的关系是怎样的？

小贴士

根据《老年人就业稳定法》，企业有义务采取"调高退休年龄""废除退休制度""引入继续雇用制度"等措施。

07 对政府的信任是经济景气的关键

无论是家庭还是企业，民间对政府的信任才是促进经济良性循环的基础。也就是说，对政府的不信任是导致经济不景气的元凶。

你知道经济政策发挥作用的必要条件是什么吗？它就是民间经济主体对政府行为的信任。比如，政府为了刺激经济而推行扩张性的财政金融政策，如果这是短期的政策，而且并没有在适当的时机实施，民间就会对政府产生不信任感。由此会带来什么样的结果呢？毫无疑问，家庭消费和企业投资都不会受到刺激。

对政府的信任是经济增长的基础

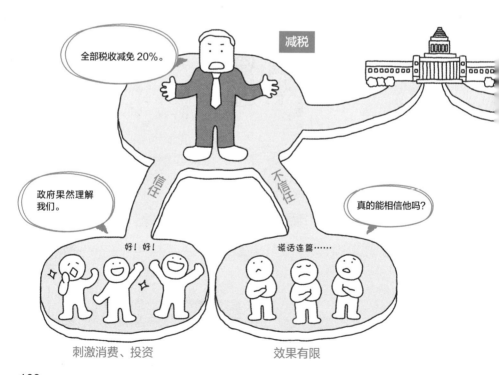

如果政府尝试短期减税，而民间预测将来政府会实施增税，那么这样的减税，其效果是有限的。可见，让民间产生今后政府会减税的信任感是十分重要的。因此，政府有必要极力削减支出，以显示减税是永久性的。归根结底，对政府的信任是经济景气的关键。

小贴士

无论政府推出多少财政政策来刺激消费和投资，如果民间对政府失去信任，其效果也只能是有限的。

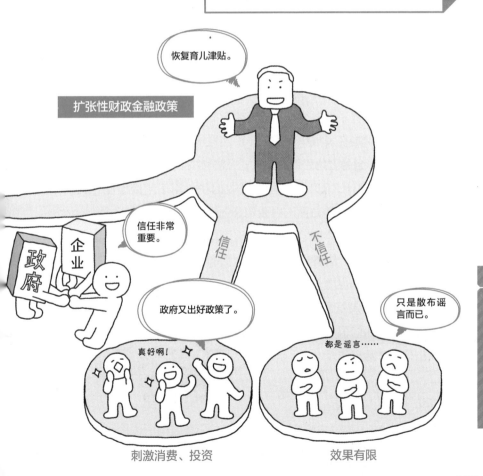

167

专栏 07

另一种叫作
"非正式经济"的市场经济

世界上实际存在着两种经济。一种是列入国民经济总决算的正式经济；另一种是没有列入国民经济总决算的非正式经济。路边没有营业执照但销售商品的小贩、提供擦鞋服务的擦鞋匠等，都属于非正式经济的成员。

以非正式经济来谋生的人一方面可以避免被征税，另一方面自身得不到法律规定的劳动标准和社会保障制度的保护。特别是在发展中国家，非正式经济尤其显著。为了消灭贫困，当务之急是使其向正式经济转型。

这是为什么呢？因为国家征收的税是用于基础设施建设和学校建设等方面的财政资金的来源，但是在非正式经济广布的发展中国家，用于基础设施等的财政资金来源非常少。并且，从事非正式经济生活的人，无法得到法律制度的保护，也就无法参与国家为缩短收入差距而做的调整中，所以他们很难改变与贫困相伴的生活现状。

虽然没有营业执照，但为了活下去，也没办法。

最近被人们热议的
行为经济学是什么？

近年来，行为经济学在经济学领域备受瞩目。

接下来，我们一边看插图一边学习其理论。

行为经济学接近心理学

经济学8
01

经济学是以人是理性的为前提、对社会和经济动向进行解释的学科。
对经济学进行修正的，是行为经济学。

  在日常生活中，人们购物时为什么会有"想买"的念头呢？这是因为他们有需求，或者是物品的质量和设计都很优秀，或者是经过网上调查发现现在购买最实惠——做出决定的理由一定是有的。但是，人不只是遵从理性，往往会于无意中受到心情、环境和氛围的影响，从而做出不理性的判断和行为。行为经济学就是基于这种认知来考察经济现象的学问。

做了看似理性，实则不理性的判断

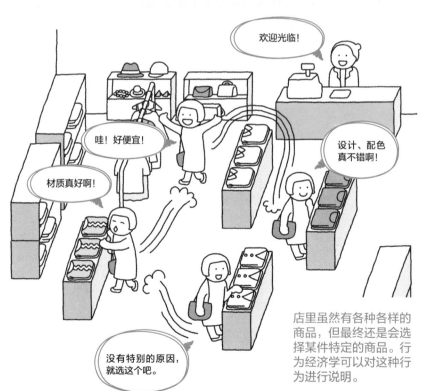

店里虽然有各种各样的商品，但最终还是会选择某件特定的商品。行为经济学可以对这种行为进行说明。

原来的经济学是以人的行为是理性的为前提来构筑理论的。但是，人类也有非理性的一面，如果不考虑非理性因素，有些现象就无法理解。将非理性因素纳入行为经济学，对于进一步发展和改善经济学是不可缺少的。

承认人类存在非理性的学说是行为经济学

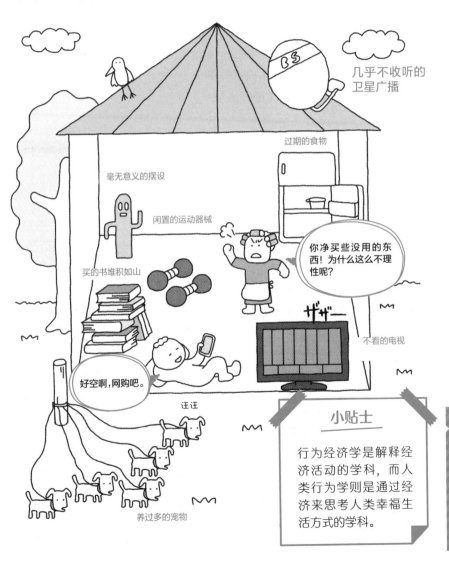

2017 年的诺贝尔经济学奖了不起在什么地方？

行为经济学关注非理性，也重视个人选择。在此基础上，产生了构建更加美好社会和经济的助推理论。

每个人都存在非理性的一面。那么，个人在做出决策或采取行动时，是否希望他人介入呢？行为经济学家为此陷入两难境地。大多数经济学家认为，保障个人的选择自由十分重要。这是基于这样一种观念：要建立健全、成熟的社会，就应该尊重每个公民的价值标准和选择能力。

行为经济学的理论认为，必须保护个人的选择自由

许多经济学家认为，关于个人决策，有必要给予其包括非理性选择在内的自由。

2017年，诺贝尔经济学奖获得者、行为经济学家理查德·塞勒提出了**助推理论**这一折中理论，备受瞩目。助推理论是指"在保障个人选择自由的前提下，**当提出各种选项时，要在提示方法上下功夫，让选择人更易选择最适合自己的选项**"。这是当他人在做选择时在其背后进行助推的技术的总称，广义上也可以说是一个操纵人心的理论。

助推理论是指在尊重个人的同时操纵人心

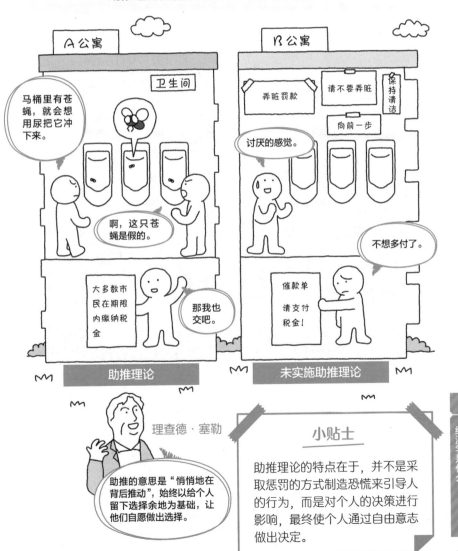

经济学 8

03 人都喜欢自己越来越好

💬 上升偏好是指人们希望随着时间的推移，自己获得的满意度不断上升。这是所有人在心理上都存在的一种欲望诉求。

行为经济学上有一个名词叫作上升偏好。其理论认为，当某一特定事件连续发生时，人们总希望随着时间的推移，自己的满意度不断上升。这也可以说是包含心理因素的经济学。因为人们总会本能地认为，比起等待自己的不幸，肯定是幸福更让人安心。如此一来，为了实现上升偏好，设定目标就很重要。

人们总希望自己的幸福程度越来越高

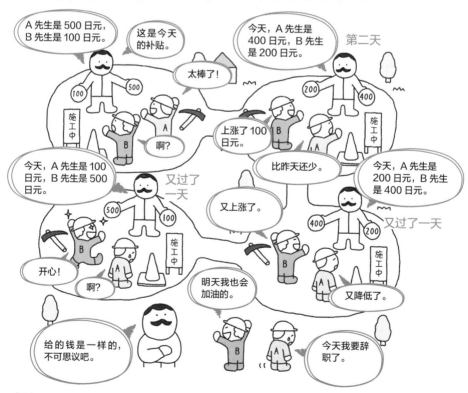

以日本职业棒球联盟选手铃木一朗为例。对击球手的评价由打击率、打点数、本垒打数决定，但铃木一朗将安打数设定为目标。之所以这么做，是因为打击率会根据成绩变动，而安打数是以加法计算的，所以打得越多成绩就越高。也就是说，使用安打数这种上升偏好，稳步积累成绩，这是铃木一朗选手的强项。

铃木一朗运用上升偏好实践成功哲学

小贴士

人们同时面对同样数量的收益和损失时，都为自己遭受的损失而难受，并尽量规避这种损失。这叫作损失规避原则。

铃木一朗不仅灵活运用上升偏好，也运用了损失规避原则。

经济学 8

04

表达方式不同，给人的感受会截然不同

明明是同样的意思，却因表达方式不同而带给人完全不同的感受。你知道这种现象吗？人的思考和心理感受有时并不合乎逻辑。

　　理论上相同的内容，因表达方式不同，接收方的心理感受会完全不同，这种现象叫作"框架效应"。比如，假设你患了大病需要动手术。如果主刀医生告诉你"手术成功，获救的概率是85%"，大多数人就会感到比较安心。但是，如果主刀医生告诉你"手术失败，死亡的概率是15%"，你会产生什么样的感受呢？

因表达方式不同而给人不同感受的框架效应

框架这个名称取意于<u>将问题设定在怎样的框架内进行表达</u>。前面的例子中就设定了"获救"和"死亡"这两种框架来表达，两者带给接收方的感受是不同的。也就是说，虽然不同表达所包含的意思相同，但是心理作用会让人据此做出不同的决策。至于产生这种情形的原因，目前还在研究当中。

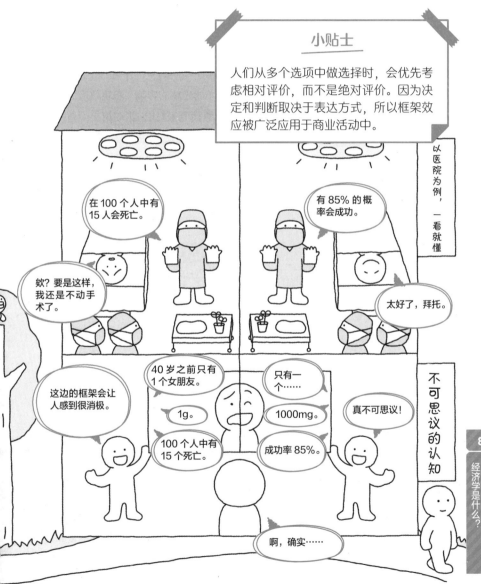

经济学 8

05 人们会仅凭显著特征就对整体做出判断

晕轮效应会让人对商品价值的本质做出错误的评价。其效果明显，能对一个人的日常消费行为产生很大的影响。

晕轮效应是行为经济学上的一种现象。"晕轮"原指绘画中画在圣人或耶稣背后的光环。也就是说，人们对某个对象做出了错误的整体评价，并非出自对该对象自身做出的判断，而是受到了其背后散发的光环的影响。晕轮效应表达的就是人类的这种心理作用。它是学者爱德华·桑代克于1920年在论文中首次提出的。

被醒目特征所吸引就是晕轮效应

小贴士

受到被评价对象所具有的夸张特征影响，对其产生了以偏概全的认识，这种现象就是晕轮效应。它又被称为光圈效应、成见效应。

晕轮效应在市场营销和宣传中得到了广泛应用。例如，在身边的超市等地，你是否看到过包装袋上写着"村上种的毛豆""佐藤种的胡萝卜"等种菜人的名字并配有照片的蔬菜呢？虽然这种做法并不能保证蔬菜的质量，但会给人对种菜人有"看起来很负责""看起来很温柔"等先入为主的感受，从而让人容易将他们种植的蔬菜判定为好吃的蔬菜。

并没有对产品质量做出保证，但是能让人产生信任感

经济学 8

06 即使遭受损失也不愿改变的非理性现象

人都存在固执和讨厌变化的心理，由此会做出不理性的价值判断和行为。

有一种效应叫作禀赋效应，与晕轮效应一样，因自己根深蒂固的想法而对事物的看法产生偏差。禀赋效应是指人们一旦拥有某个东西，对其价值的评价就会比未拥有前高的心理效应。每个人都有自己珍惜的东西，即使有人愿意拿新的交换，他也会觉得自己拥有的东西的价值高，从而不愿放手。

从购物看禀赋效应的应用

小贴士

即使不是多年来一直珍惜的东西，人们对于仅得到过一次的东西，也会不想放手。试吃和试穿之后的购买行为我们也可以认为是源于禀赋效应。

与禀赋效应类似的一个概念是**现状偏好**。它是一种"想避开比较大的变化和未知事物，希望维持现状"的心理作用。例如，即使对现有工作不满意也很难迈出跳槽第一步就属于这种情况。因为考虑了失去现有工作和人脉的风险，所以失去了通过跳槽就可以获得高工资和新的人脉等利益。

因现状偏好而做出的非理性选择

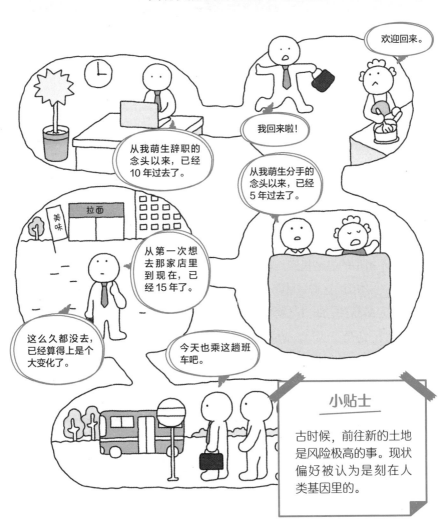

专栏08

利用诱饵效应
做决策

　　有这样一个故事。在美国，一家销售厨房用品的厂商推出了一款具有世界领先技术的家用烘焙机，但消费者对它完全不感兴趣。为了能让消费者购买该产品，该厂商想出了一个打开市场的解决方案，那就是推出了该款家用烘焙机的高级机型。

　　这种高级烘焙机的价格比先前推出的机型高50%。消费者本来对家用烘焙机就不感兴趣，现在又推出高级机型，这实在不是聪明的做法。然而，高级机型一上市，原来那个机型的烘焙机竟然畅销起来。

　　之所以这样，是因为该厂商将家用烘焙机从单一品种变为多品种，即自己制造竞争对手，从而使消费者从考虑"买，还是不买"，变成考虑"买哪一个"。这种现象在经济学上被称为诱饵效应。